Mit Marx gegen Marx

edition g.

Stefan Blankertz | 1956 | »Wortmetz« | promoviert in Soziologie, habilitiert in Pädagogik; & *Rothbardero*-Avant-gardist seit 1980.

Stefan Blankertz

Mit Marx gegen Marx

11 x 11 Thesen

edition g.
111

ORIGINALAUSGABE
111 edition g.
Herstellung und Verlag: BoD – Books on Demand
Copyright © 2014 by Stefan Blankertz
Wollankstraße 133, 13187 Berlin
Alle Rechte vorbehalten.
ISBN 978-3-7357-7060-8

Inhalt

K. Marx (und F. Engels) werden nach der vom *Institut für Marxismus-Leninismus beim ZK der SED* herausgegebenen Ausgabe *Karl Marx Friedrich Engels Werke* (MEW) zitiert, die die Bände 1 bis 43 umfasst; Band 26 gliedert sich in 26.1 bis 26.3. Diese Ausgabe hat verschiedene Auflagen in den Jahren 1956 bis 1990 im Dietz-Verlag (Ost-Berlin) erfahren, die aber jeweils seitengleich sind. Gegenüber den Originaltexten ist die Rechtschreibung dieser Ausgabe modernisiert (Eigenheiten wie das berühmte Marx'sche *kömmt* wurden beibehalten). Darum finde ich es vertretbar, die ß/ss-Regel der neuen Rechtschreibung zu benutzen, sonst jedoch nicht in die Texte einzugreifen. Die Zusammenfassung des ersten Bandes von »*Das Kapital*« unter dem Titel »*Resultate des unmittelbaren Produktionsprozesses*« durch Marx selber sind nicht in den MEW enthalten. Sie zitiere ich nach der Ausgabe Berlin 2009: Dietz-Verlag.

Manche Schlüsselaussagen werden mehrfach zitiert, denn in den unterschiedlichen Kontexten entfalten sie einen jeweils besondren Sinn.

I.
Wozu Marx?

1.

Grün schillernder Mistkäfer. — Spätestens seit dem Bankrott des Sowjetimperiums und des allmählichen Übergangs der Volksrepublik China in die »Normalität« dessen, was Kapitalismus genannt wird, ist Karl Marx (1818-1883) zum Gemeingut von Demokraten, Ökokraten[001] u. a. moralischen Gauleitern auf der linken wie der rechten Seite der Politik, vor allem aber ihres Zentrums geworden. Da kaum einer die Überlegenheit und die Unvermeidlichkeit des Kapitalismus noch bezweifelt, dessen Walten als Zerstörer von Natur,[002]

001 Obgleich es gegen alle vor-industrielle Romantik bei Marx heißt: »In der Sphäre der Agrikultur wirkt die große Industrie insofern am revolutionärsten, als sie das Bollwerk der alten Gesellschaft vernichtet, den ›Bauer‹, und ihm den Lohnarbeiter unterschiebt. Die sozialen Umwälzungsbedürfnisse und Gegensätze des Landes werden so mit denen der Stadt ausgeglichen. An die Stelle des gewohnheitsfaulsten und irrationellsten Betriebs tritt bewusste, technologische [sic] Anwendung der Wissenschaft. Die Zerreißung des ursprünglichen Familienbandes von Agrikultur und Manufaktur, welches die kindlich unentwickelte Gestalt beider umschlang, wird durch die kapitalistische Produktionsweise vollendet.« Karl Marx, *Das Kapital I* (1867), MEW 23, S. 528.

002 Die andere Seite der Medaille, nach Marx: »Wie in der städtischen Industrie wird in der modernen Agrikultur die gesteigerte Produktivkraft und größre Flüssigmachung der Arbeit erkauft durch Verwüstung und Versiechung der Arbeitskraft selbst. Und jeder Fortschritt der kapitalistischen Agrikultur ist nicht nur ein Fortschritt in der Kunst, den Arbeiter, sondern zugleich in der Kunst, den Boden zu berauben, jeder Fortschritt in Steigerung seiner Fruchtbarkeit für eine gegebne Zeitfrist zugleich ein Fortschritt im Ruin der dauernden Quellen dieser Fruchtbarkeit. Je mehr ein Land, wie die Vereinigten Staaten von Nordamerika z. B., von der großen Industrie als dem Hintergrund seiner Entwicklung ausgeht, desto rascher dieser Zerstörungsprozess.« Karl Marx, *Das Kapital I* (1867), ebd., S. 529. Die Empirie hat gezeigt, dass die ökologischen sowie die ökonomischen Zerstörungen, die die staatssozialistische Planwirtschaft zu verantworten hat, ungleich größer und lebensbedrohlicher sind. ... *mangels geeigneter Deponien kippte das Chemiekollektiv hochgiftige Rückstände in ...*

Lebensfreude und sozialer Gleichheit, seine Tendenz zur Monopolisierung, Entfremdung und Produktion von überflüssigen Bedürfnissen *via* Werbung und anderer diabolisch-hypnotischer Werkzeuge andererseits von niemandem in Frage gestellt werden kann, der nicht harsche Ausgrenzung aus dem Kreis der menschlichen Kultur riskieren will, wird der »Marxismus« in eine ausufernde, scheinbar friedlich-harmonische, in Wirklichkeit jedoch äußerst brutale und rücksichtslose Staatstätigkeit übersetzt, die alles und jedes regelt, von der Krümmung der Banane bis zum letzten, den Treibhauseffekt generierenden Furz. Zeit, auf *Marx* einen Blick zu werfen.

2.

Dialektische Phänomenologie. — »Alle Wissenschaft wäre überflüssig, wenn die Erscheinungsformen und das Wesen unmittelbar zusammenfielen.«[003] Auch die Erscheinungsform des »Marxismus« wäre durchaus zu unterscheiden von Marxens Wesen. Angesichts dessen, dass Marx zum Götzen aller Etatisten geworden ist, die den Kapitalismus fürchten wie der Teufel das Weihwasser, gälte es, sein staats-kritisches gegenüber seinem kapitalismus-kritischen »Wesen« zu rekonstruieren, ohne aber die Augen zu verschließen vor den

003 Karl Marx, *Das Kapital III* (1865), MEW 25, S. 825. Parenthese zu: Die »Vulgärökonomie« – (lies: der Vulgärmarxismus) – fühlt »gerade in der entfremdeten Erscheinungsform der ökonomischen Verhältnisse, worin diese *prima facie* abgeschmackt und vollkommene Widersprüche sind [...], sich vollkommen bei sich selbst und ihr« – (ihm) – erscheinen »diese Verhältnisse um so selbstverständlicher, je mehr der innere Zusammenhang an ihnen verborgen ist, sie aber der ordinären Vorstellung geläufig sind.«
004 Max Stirner (1806-1856), Junghegelianer; mit »*Der Einzige und sein Eigentum*« (1843) inspirierte er den »individualistischen Anarchismus«. 1847 übersetzte er »*The Wealth of Nations*« von Adam Smith.
005 Pierre-Joseph Proudhon (1809-1865), französischer Revolutionär und hegelianischer Ökonom. Er war es, der den Begriff »Anarchismus« als die

Erscheinungsformen seiner Unzulänglichkeiten, Fehler und Irrtümer. Kritische Rekonstruktion von Marx muss heute erklären, was er beitrug zu der unkritischen Indienstnahme seiner Lehre für den Erhalt des schlechten Bestehenden.

3.

Marx & ich. — Lange schlug ich um Karl Marx einen großen Bogen. Denn er war es, der die Helden meiner Jugend, Max Stirner,[004] Pierre-Joseph Proudhon,[005] Michael Bakunin[006] verhöhnt, diffamiert und bekämpft hatte.[007] Die Marxisten ihrerseits lächelten über die Anarchisten: Ihnen fehle jede Einsicht in die »ökonomischen Verhältnisse«. Und da dies nicht ganz unwahr ist, übernahmen etliche Anarchisten (angefangen von Michael Bakunin) die marxistische Ökonomie kritiklos. Zwingt die denn aber nicht geradewegs zu der Erkenntnis, dass das freie Handeln der Menschen notwendig zu Kapitalismus, Ausbeutung, Massenelend & Krieg führt? Als ich dann 1980 Murray N. Rothbard[008] entdeckte, gab es die Antwort von einem Ökonomen: Das freie Handeln kann nie als freies bestehen ohne wirtschaftliche Freiheit, ohne Kapitalismus. *Kapitalismus*, dieses für einen Linken, selbst anarchistischen Außenseiter, ›doppelplusungute‹ Schimpfwort, derart positiv verwandt zu sehen, machte mir Gänse-

Bezeichnung für die soziale Bewegung zur Abschaffung staatlicher Herrschaft prägte.
006 Michael Bakunin (1814-1876), russischer Anarchist. Konkurrent von Karl Marx in der *Internationalen Arbeiter-Assoziation* (»1. Internationale«, IAA). 1869 unvollendete Übersetzung von »*Das Kapital*« ins Russische.
007 Stirner in: *Die deutsche Ideologie* (1846), MEW 3, S. 101 ff; Proudhon in: *Das Elend der Philosophie* (1847), MEW 4, S. 63 ff; Bakunin in: *Konspekt von Bakunins Buch »Staatlichkeit und Anarchie«* (1875), MEW 18, S. 597 ff.
008 Murray Rothbard (1926-1995), anti-imperialistischer und Antikriegs-Aktivist, Begründer der modernen libertären Bewegung »jenseits von rechts und links« und der Theorie des Anarchokapitalismus. Wechselnde Koalitionen. Doch immer primär gegen Krieg.

haut – manchmal tut es das noch immer. Zugleich leuchtete Rothbards These mir ein, Freiheit ließe sich nicht denken im Rahmen unfreier Ökonomie.[009] Folglich war Marx überflüssig, der Anarchismus erwachsen geworden und mit der fortschrittlichsten ökonomischen Theorie verbunden. 1998 versetzte mir der Schweizer libertäre Philosoph Christian Michel abermals einen Schock, indem er forderte, Libertäre sollten Marx und Engels lesen, »*Der Klassenkampf ist nicht vorbei*«.[010] Später ging Christian Michel dann so weit, sich als »Marxisten« zu bezeichnen.[011] Die Herausforderung nahm ich an und entwickelte im »*Libertären Manifest*«[012] Rothbard und Marx verbindend eine eigene Klassentheorie. Erst Rothbards Spätwerk zur Geschichte des ökonomischen Denkens[013] führte mir vor Augen, in welchem Ausmaße die Irrtümer von Marx nicht nur durch Ricardo,[014] sondern auch bereits durch den vielgepriesenen Adam Smith[015] vorweggenommen worden waren und wie sehr Marx mit diesen Irr-

009 Murray Rothbard, *Für eine neue Freiheit: Kritik der politischen Gewalt* (1973/78), 2 Bände, Berlin 2012 (edition g. 102 und 103).

010 Christian Michel, *The Class Struggle is Not Over: Why Libertarians Should Read Marx and Engels* (1998), London 2000. »Marx was a believer in property rights. It is because the worker's work is his property that Marx may conclude the worker is dispossessed of his remuneration.«

011 Christian Michel, *Why There Are So Few Libertarians (and Why It Doesn't Matter)*, 2008. Entwickelt wird in diesem Vortrag die marxistische These, es sei völlig unerheblich, wie viele Menschen den Staat bekämpfen, denn er schaffe sich aufgrund seiner inneren ökonomischen Widersprüche selber ab.

012 Zuerst Grevenbroich 2001. Die völlig neubearbeitete Ausgabe: Berlin 2012 (edition g. 104).

013 Murray Rothbard, *An Austrian Perspective on The History of Economic Thought* (1995), zwei Bände (ein dritter war geplant; es existieren davon jedoch nur einige Audiotapes), Auburn 2006. Marx sind im zweiten Band fünf Kapitel gewidmet, gut 100 Seiten.

014 David Ricardo (1772-1823), britischer Nationalökonom, führender Vertreter der Arbeitswertlehre, der neben Adam Smith auch heute noch große Bedeutung für die ökonomische Theorie hat. – Üblicherweise zum

tümern gekämpft hat. »*Mit Marx gegen Marx*« zeichnet das Drama des verlorenen Kampfes von Marx gegen die Unzulänglichkeiten der klassischen Nationalökonomie nach.

4.

Betäubungsmittel des Denkens. — Wie jeder sakrale Text unterliegt Marx dem Dawkins-Theorem:[016] Ihnen können wir das Eine ebenso wie das Gegenteilige entnehmen. Nur durch selektives Lesen lässt sich ein Standpunkt aus einem sakralen Text extrahieren, wobei ein sach-fremder Standpunkt die Selektion bestimmt, der nicht auf immanenter Analyse des Textes beruhen kann. Im Folgenden vermeide ich es, Widersprüche bei Marx zu harmonisieren, vielmehr lasse ich sie produktiv werden für eine neue Sicht auf Marx; darüber hinaus auch für eine bessere Analyse des Schreckens und vor allem für eine bessere Analyse, ihn zu überwinden. Harmono[*log*]isierung wäre Vernichtung.

klassischen Liberalismus gezählt, deklassiert ihn Rothbard in der »*History of Economic Thought*« (1995) schlicht zum Sozialisten. Schon der einflussreiche amerikanische Ökonom Henry Charles Carey (1793-1879), selber ein Befürworter staatsinterventionistischer Wirtschaftspolitik im Gegensatz zum britischen *laissez faire*, »denunziert« David Ricardo »als Vater des Kommunismus« (Karl Marx, *Theorien über den Mehrwert* [1863], MEW 26.2, S. 163). Careys Einfluss beweist, dass schon im 19. Jahrhundert das Selbstverständnis der amerikanischen Wirtschaftsvertreter sich stark aus dem Wunsch speiste, in der Regierung einen mächtigen Verbündeten für die Entwicklung ihrer Interessen zu finden. Der Korporatismus ist eben nicht eine Erfindung des 20. Jahrhunderts.

015 Adam Smith (1723-1790), wird üblicherweise zu dem Begründer der klassischen liberalen Nationalökonomie und der Lehre des *laissez-faire*-Kapitalismus stilisiert, von Murray Rothbard in der »*History of Economic Thought*« (1995) dagegen für gravierende Mängel in der Theorie haftbar gemacht, die unweigerlich für den Sozialismus den Weg ebnen; Rothbard zeigt (im ersten Band) darüber hinaus, dass *vor* Adam Smith bessere ökonomische Theorien entwickelt worden waren.

016 Richard Dawkins, *Der Gotteswahn* (2006), Berlin 2008. Vgl. zu meiner Rezeption: *Minimalinvasiv*, Berlin 2012 (edition g. 101), S. 29ff.

5.

Bei alle dem, was man Widersprüchliches bei Marx finden mag: *Dass* er ein Kommunist war,[017] Antikapitalist, scheint unzweifelhaft zu sein. Er bezeichnete sich als Kommunist. Da die Analyse jedoch zeigt, dass die historische Realität des Kapitalismus alles andere ist als das, was er zu sein scheint und was er zu sein vorgibt, nämlich das soziale Ergebnis der Interaktion freier Individuen, so lässt sich sehr wohl fragen, ob das, was wir durch die Jahrzehnte der kommunistischen Schreckensherrschaften als Kommunismus zu bezeichnen uns angewöhnt haben, etwas ganz anderes ist ... oder doch zumindest sein müsste. Das Ergebnis der Analyse entspricht sicherlich nicht den Meinungen von Marx, wahrscheinlich widerspricht es seinen Hoffnungen und schlägt zentralen Aspekten seiner Theorie geradewegs ins Gesicht, und dennoch kann die Analyse den Anspruch erheben, marxistisch zu sein. – Oder anders: Marx blieb dort Kommunist, wohin seine Analyse nicht reichte.

6.

»Ich bin zu diesem Schluss gekommen: Wie Luther, doch nicht wie Hegel oder Marx, denke ich, dass der Weg, die Ent-

017 »Der Schlüssel zu dem verwickelten und gewaltigen Denksystem, das Karl Marx geschaffen hat, ist im Grunde genommen einfach: Karl Marx war Kommunist. Eine scheinbar banale oder triviale Feststellung zu den unzähligen von Jargon durchzogenen marxistischen Konzepten der Philosophie, Ökonomie, Geschichte, Kultur etc. Doch Treue zum Kommunismus war der zentrale Punkt von Marx, mehr als die Dialektik, der Klassenkampf, die Mehrwerttheorie und der ganze Rest.« Murray Rothbard, *An Austrian Perspective on The History of Economic Thought* (1995), 2. Band, Auburn 2006, S. 317.
018 Paul Goodman, *Crazy Hope & Finite Experience* (1972), San Francisco, CA 1994, S. 51. Zu Paul Goodman vgl. Stefan Blankertz, *Minimalinvasiv*, Berlin 2012 (edition g. 101), S. 99ff.
019 E. Böhm-Bawerk, *Zum Abschluss des Marxschen Systems*, Berlin 1896.

fremdung zu überwinden, dorthin führt, daheim zu bleiben und sich nicht auf eine Reise durch die Geschichte und die Sphären des Daseins zu begeben. Andererseits ist es auch wahr, dass selbst jener, der den ›steinigen Weg‹ geht, abkommen wird, sich hierbei aber keiner Verfehlung schuldig macht.«[018]

7.

Marginalie. — Die Widerlegung marxistischer Wirtschaftstheorie durch Eugen Böhm-Bawerk[019] greift an bei einem Punkt – der »Transformation von den (Arbeits-)Werten in (Markt-)Preise«[020] –, der dem, den Grausamkeit und Ungerechtigkeit des Kapitals empören, dermaßen nebensächlich erscheinen muss, dass sie ihn schlechterdings nicht berührt. Böhm-Bawerks Triumph über die marxistische Wirtschaftstheorie nahm Ludwig von Mises als gegeben und gelungen. Er setzte darum auf die Widerlegung der Umsetzbarkeit des Marxismus, der sozialistischen Übergangsphase.[021] Aber praktische Ansätze wie etwa der »Stundenzettel« über die geleistete Arbeitszeit, der das kapitalistische Geld ersetzt und den Tausch somit gerechter macht, sind schon durch Marx selber widerlegt worden.[022]

Eugen Böhm Ritter von Bawerk (1851-1914), einer der Mitbegründer der »Österreichischen Schule der Ökonomie«.
020 Siehe Kapitel VII.
021 Ludwig von Mises, *Die Wirtschaftsrechnung im sozialistischen Gemeinwesen*, in: Archiv für Sozialwissenschaft und Sozialpolitik 47 (1920), S. 86ff. Oskar Lange (1904-1965), ein Vertreter des »Konkurrenzsozialismus«, bemerkte, in jedem Ministerium für Sozialisierung und Planwirtschaft müsse eine Statue für Ludwig von Mises errichtet werden, weil seine Kritik den Sozialismus erst lebensfähig gemacht habe. Vgl. Oskar Lange, *On the Economic Theory of Socialism* (1936), in: Oskar Lange, *Economic Theory and Market Socialism*, Northampton, MA 1994, S. 252. Ludwig von Mises (1881-1973) sah sich nicht als Anarchisten, aber als Lehrer Murray Rothbards wurde er zum Inspirator des Anarchokapitalismus.

8.

Um Marx und um Marx *pur* geht's im Folgenden. Sekundär-
literatur ziehe ich bloß in Ausnahmefällen zu Rate. Die Geschichte der Marx-Rezeption ist lang, verworren, komplex,
vor allem hauptsächlich unerfreulich, über Phasen hinweg
öd. Ich gehe davon aus, dass Lenin, Stalin, Trotzki und Mao
ohne theoretischen Belang seien und keine intellektuelle,
sondern, falls überhaupt, moralische Verachtung verdienen.
In wenigen Fällen benenne ich Highlights der marxistischen
Literatur und zitiere ich aus ihnen, um in groben Zügen die
Entwicklung des Marxismus zu skizzieren. Das Buch soll in
übersichtlicher Form meine zentrale These darlegen, zum
Nachdenken und Weiterforschen anregen, nicht mit den in-
haltsleeren Ritualen akademischer Gelehrtheit erschlagen.
Die zentrale These: Marx habe durchaus die »immanenten
Entwicklungstendenzen des Kapitals selbst erklären«[023]
wollen, jedoch nur aus dem Grunde, weil die Ideologen des
(vermeintlichen) Kapitalismus dessen Funktionieren ohne
Staat postulierten, ein Postulat, das Marx eben als Ideologie
zu entlarven sich aufgab. – Heute lautet die Ideologie der
anscheinend kapitalistischen Staaten genau umgekehrt, der
Kapitalismus funktioniere nicht nur nicht ohne Staat, son-
dern sei auch nur von sozialem Vorteil aufgrund staatlicher
Interventionen. Für diese Ideologie wird Marx vereinnahmt.
Dagegen ist Protest einzulegen.

022 Siehe These VII.10 und Kapitel VIII. Trotzdem ist die Attraktivität
dieser Idee für Marxisten bis heute ungebrochen. Vgl. z. B. W. Paul Cock-
shott und Allin Cottrell, *Alternativen aus dem Rechner: Für sozialistische
Planung und direkte Demokratie* (1993), Köln 2012.
023 Ernest Mandel, *Der Spätkapitalismus*, Frankfurt/M. 1972, S. 459. Das
Buch des Trotzkisten Ernest Mandel (1923-1995) ist einer der wenigen
immer noch lesenswerten Versuche, die marxistische Wirtschaftstheorie
nach dem Nichteintreten fast aller der Vorhersagen von Marx in ihrer ursprünglichen Form aufrechtzuerhalten.

9.

Das Verfahren dialektischer Polemik leitet sich von Marx selber her. Weite Strecken der »*Deutschen Ideologie*«[024] und anderer polemischer Schriften von Marx & Engels bestehen fast bloß aus einer geschickten Montage von Zitaten, durchzogen mit knappen, ätzenden Zwischenbemerkungen ... Ich werfe Molotowcocktails Dir ins Hirn.

10.

Gewidmet den Opfern des Marxismus. Ich wollte beginnen, einige aufzuzählen, und bleibe bei großen Zahlen hängen, Hungerkatastrophen unvorstellbarer und bis hierhin unbekannter Ausmaße, Massendeportationen, Hinrichtungen, Lager, Opfer von Aggressionskriegen ... Jeder Einzelne muss den »eigenen« Kelch trinken. Und jeder hat als Einzelner gelitten.[025] Marx ist nicht freizusprechen davon, die Systeme marxistischen Schreckens angeregt zu haben, und dennoch ist es auch im Namen der Opfer, dass ich jenes in Anschlag bringe, was von Marx gegen die Systeme des marxistischen Schreckens nutzbar ist.

11.

Gegen? Mit? — »Ja mach' nur einen Plan« (Bert Brecht).[026] Der erste Plan für das vorliegende Buch bestand darin, ein dokumentarisches Schauspiel – zusammengesetzt aus nichts

---

024 1846, MEW 3. Erstveröffentlichung 1932.
025 Redlich bemüht habe ich mich um sie, um die Quadratur des Leidens: Stefan Blankertz, *Das Maodeking: Gebet für Eutimio Guerra*, Berlin 2014 (edition g. 308).
026 Bertolt Brecht, *Ballade von der Unzulänglichkeit menschlichen Planens*, aus: *Die Dreigroschenoper* (1928). »Was ist ein Dietrich gegen eine Aktie? Was ist ein Einbruch in eine Bank gegen die Gründung einer Bank?« Hätte Brecht seinen Marx mit mehr Sinn und Verstand gelesen, wüsste er, dass dies kein Argument gegen den Kapitalismus, vielmehr gegen den Staat ist. Und

als Marx-Zitaten, verteilt auf die Rollen des Staatsanwalts bzw. eines Anklägers, des Richters, des Verteidigers und eines »Experten« – nach meinen Vorbildern Peter Weiss[027] und Hans »Magnus« Enzensberger[028] zu gestalten. Alles war fertig geplant, bis darauf, dass das Material sich sperrte. Vielleicht hören Sie beim Lesen dennoch die Stimmen aus dem *Off.*

dass die Anstellung eines Mannes in der Tat nicht eine Verlängerung der Ermordung eines Mannes mit anderen Mitteln darstellt, sondern das gerade Gegenteil. Aber warum Marx *lesen*, wenn man doch weiß, dass Marx »es zuerst unternahm, die Verhältnisse zwischen Menschen aus ihrer Erniedrigung und Vernebelung in der kapitalistischen Wirtschaft wieder ans Licht der Kritik zu ziehen«? Walter Benjamin, *Brechts Dreigroschenroman* (1935) in: ders., *Versuche über Brecht*, Frankfurt/M. 1966, S. 94. ?!: »Steigerung des Geldlohns der Fabrikarbeiter trotz der Verkürzung des Arbeitstags, große Zunahme der Zahl der beschäftigten Fabrikarbeiter, anhaltendes Fallen der Preise ihrer Produkte, wunderbare Entwicklung der Produktivkraft ihrer Arbeit, unerhört fortschreitende Ausdehnung der Märkte für ihre Waren.« Karl Marx, *Lohn, Preis und Profit* (1865), MEW 16, S. 110.

027 Peter Weiss, *Die Ermittlung* (1965), Frankfurt/M. 2008. – ZEUGE: da endlich verstand ich | um sich von den Verbrechen reinzuwaschen | die er gerade begangen hatte | zwang Mao Tse-tung die Bauern | die der Hunger gefühllos gemacht hatte | zu Tausenden und Abertausenden | ihre einstigen Gefährten | mit der Hacke | zu erschlagen | um mit dem Fleisch derer | mit denen sie aufgewachsen waren | ihren Hunger zu stillen STAATSANWALT: Marx ist nicht Mao | dieser hat jenen falsch verstanden | und überhaupt | ist es nicht umstritten | wie viele starben | und ist es nicht so | dass auch im benachbarten Indien | zur gleichen Zeit | Unzählige verhungerten

028 Hans M. Enzensberger, *Das Verhör von Habana*, Frankfurt/M. 1970. Bedeutender von ihm war mir, natürlich, sein »Roman« *Der kurze Sommer der Anarchie*, Frankfurt/M. 1972. – STAATSANWALT Herr Guevara, können Sie uns sagen, wie Sie zum Staatsfeind wurden? CHE Nun, die Yankees sind der größte Feind der Menschheit und ich sehe nur eine Option gegen diese Hyänen, den Völkermord. Die revolutionäre Regierung ist entschlossen, die Probleme des Volkes zu lösen. Wir sind keine Parteigänger der Selbstverwaltung. Der Generalplan des Staats ist die höchste Autorität. STAATS-ANWALT *(verwirrt)* Und wo sehen Sie die Differenz? CHE Das frage ich Sie. Ihre Anklage ist offensichtlich unbegründet, Genosse Staatsanwalt.

II.
Treibgut

1.

Wozu Marx? — Tausch von Äquivalenten; Widerspruch von
Gebrauchs- und Tauschwert: Aristoteles.[029] Der Warenpreis
ist die Summe der Faktorenpreise, die sich auf den Preis der
Arbeit reduzieren lassen; Kapital als »kommandierte Arbeit«: Adam Smith.[030] Den Wert einer Ware bestimmen die

[029] »Aristoteles [...:] ›Denn zweifach ist der Gebrauch jedes Guts ... Der
eine ist dem Ding als solchen eigen, der andre nicht, wie einer Sandale, zur
Beschuhung zu dienen und austauschbar zu sein. Beides sind Gebrauchswerte der Sandale, denn auch wer die Sandale mit dem ihm Mangelnden,
z. B. der Nahrung austauscht, benutzt die Sandale als Sandale. Aber nicht in
ihrer natürlichen Gebrauchsweise. Denn sie ist nicht da des Austausches
wegen. Dieselbe Bewandtnis hat es auch um die andern Güter.‹« Karl
Marx, *Zur Kritik der politischen Ökonomie* (1859), MEW 13, S. 15. (Was
Marx »Tauschwert« nennt, könnte man auch mittelbaren oder indirekten
Gebrauchswert nennen: Gebrauchswert über den Umweg des Tausches.)
»›Der Austausch‹, sagt [Aristoteles], ›kann nicht sein ohne die Gleichheit, die Gleichheit aber nicht ohne die Kommensurabilität‹ [Vergleich-
barkeit]. Hier aber stutzt er und gibt die weitere Analyse der Wertform auf.
›Es ist aber in Wahrheit unmöglich, dass so verschiedenartige Dinge kommensurabel‹, d. h. qualitativ gleich seien. Diese Gleichsetzung kann nur etwas der wahren Natur der Dinge Fremdes sein, also nur ›Notbehelf für das
praktische Bedürfnis‹.« Karl Marx, *Das Kapital I* (1867), MEW 23, S. 73 f.
Diese aristotelischen Setzungen hätten, so Rothbard, einen »unkalkulier-
baren Schaden im ökonomischen Denken der kommenden Jahrhunderte«
angerichtet (*An Austrian Perspective on The History of Economic Thought*
[1995], Band 1, Auburn 2006, S. 16).
[030] »Adam Smith: ›Gleiche Quantitäten der Arbeit müssen zu allen
Zeiten und an allen Orten für den, welcher arbeitet, einen gleichen Wert
haben. In seinem normalen Zustand von Gesundheit, Kraft und Tätigkeit,
und mit dem Durchschnittsgrad von Geschicklichkeit, die er besitzen mag,
muss er immer die nämliche Portion seiner Ruhe, Freiheit und seines
Glücks geben. Welches also immer die Quantität von Waren sei, die er als
Belohnung seiner Arbeit erhält, der Preis, den er zahlt, ist immer derselbe.
Dieser Preis kann zwar bald eine kleinere, bald eine größere Quantität
dieser Waren kaufen, aber bloß, weil ihr Wert wechselt, nicht der Wert der
Arbeit, der sie kauft. Die Arbeit allein wechselt also nie ihren eigenen Wert.

Arbeitsquanten, die zu ihrer Produktion aufgewendet werden müssen: David Ricardo.[031] Grundbesitz ist ungerecht und nicht legitim: Herbert Spencer.[032] Die bürgerliche Gesellschaft kann nie reich genug sein, um die Armut in ihrer Mitte zu überwinden: G. W. F. Hegel.[033] Wozu Marx? Wenn nicht, um diese »bürgerlichen« Theorien zu überwinden und den Kapitalismus gegen sie zu verteidigen?

2.

Falsche Rücksicht. — Marx kannte »seinen« Malthus:[034] Ohne den Kapitalismus, unter also vorkapitalistischen Verhältnissen hätte ein Großteil seiner Zeitgenossen nicht über-

Sie ist also der Realpreis der Waren etc.‹« Karl Marx, *Zur Kritik der politischen Ökonomie* (1859), MEW 13, S. 45. Ein »Rätsel« sei, so Murray Rothbard, der enorme und einzigartige Widerspruch zwischen dem Heiligenschein von Adam Smith und »der Realität eines zweifelhaften Beitrags zum ökonomischen Denken« (*An Austrian Perspective on The History of Economic Thought* [1995], Band 1, Auburn 2006, S. 435). – Des Rätsels Lösung: Eine falsche ökonomische Theorie setzt sich durch, weil sie den Interessen der Herrschenden nutzt. Das gleiche gilt für den Marxismus.
031 »Im Gegensatz zu Adam Smith arbeitete David Ricardo die Bestimmung des Werts der Ware durch die Arbeitszeit rein heraus und zeigt, dass dies Gesetz auch die ihm scheinbar widersprechendsten bürgerlichen Produktionsverhältnisse beherrscht.« Karl Marx, *Zur Kritik der politischen Ökonomie* (1859), MEW 13, S. 45.
032 »Aus Herbert Spencers Werk ›Social Statics‹, [...] 1851 [...], das [...] vorgibt, eine vollständige Widerlegung des Kommunismus zu sein [...]: ›[...] Die Gerechtigkeit erlaubt [...] kein Eigentum am Boden, oder die übrigen würden auf der Erde nur geduldet leben.‹« Karl Marx, *Die indische Frage – Das irische Pachtrecht* (1853), MEW 9, S. 162. Herbert Spencer (1820-1903), radikalliberaler englischer Philosoph (»*The Man versus the State*«, 1884), der Darwins Evolutionslehre für die Soziologie nutzbar machte.
033 »Das Herabsinken einer großen Masse unter das Maß einer gewissen Subsistenzweise [...] bringt den Pöbel hervor. [...] Bei dem Übermaß des Reichtums [ist] die bürgerliche Gesellschaft nicht reich genug [...], dem Übermaß der Arbeit und der Erzeugung des Pöbels zu steuern.« Hegel, *Grundlinien der Philosophie des Rechts* (1821), § 244f, Hamburg 1955, S. 201. Georg Wilhelm Friedrich Hegel (1770-1831), preußischer Dialektiker.
034 Thomas Malthus (1766-1834) behauptete, dass die Bevölkerung geo-

lebt.[035] Wann immer er von einer »Rücksichtslosigkeit«[036] der kapitalistischen Entfaltung der Produktivkräfte spricht, drückt sich darin Bewunderung und Dankbarkeit aus. Jede Rücksicht auf die Interessen der Feudalherren schloss den Tod vieler Menschen ein.

3.

Opium des Volks. — Wie konnte, der da sagte, »Radikalkur der [Presse-]Zensur wäre ihre Abschaffung«,[037] zu einem Säulenheiligen von Systemen werden, in denen Zensur der Presse fröhliche Urständ feierte (oder, in ihren Überresten, noch feiert)? Genau aus dem gleichen Mechanismus heraus,

metrisch, die Nahrungsmittelproduktion aber nur arithmetisch zunähme, mithin niemals für Alle genug da sein werde. Diese »*malthusian trap*« gilt für vorindustrielle Produktionsverhältnisse und wurde vom Kapitalismus überwunden, der damit das historisch einzigartige Bevölkerungswachstum im 18. und 19. Jahrhundert ermöglicht hat.

035 »Steigerung des Geldlohns der Fabrikarbeiter trotz der Verkürzung des Arbeitstags, große Zunahme der Zahl der beschäftigten Fabrikarbeiter, anhaltendes Fallen der Preise ihrer Produkte, wunderbare Entwicklung der Produktivkraft ihrer Arbeit, unerhört fortschreitende Ausdehnung der Märkte für ihre Waren.« Karl Marx, *Lohn, Preis u. Profit* (1865), MEW 16, S. 110.

036 Karl Marx, *Resultate des unmittelbaren Produktionsprozesses*, nicht veröffentlichtes VI. Kap. des 1. Kapital-Bandes. Fehlt auch in den MEW, zit. n. Berlin 2009, S. 69; verfasst ca. 1866; Erstveröffentlichung 1933.

037 Karl Marx, *Bemerkungen über die neueste preußische Zensurinstruktion* (1842), MEW 1, S. 27. – In einem anderen frühen Essay analysierte Marx wohlgemerkt auch den vorauseilenden Gehorsam der Selbstzensur unter der Bedingung von Staatsterrorismus: »Wo die Zensur in eine auffallende, anhaltende und harte Kollisionen mit der Presse gerät, da kann man mit ziemlicher Sicherheit schließen, dass die Presse schon an Lebendigkeit, Charakter und Selbstgewissheit gewonnen hat, denn nur eine wahrnehmbare Aktion erzeugt eine wahrnehmbare Reaktion. Wo dagegen die Zensur nicht da ist, weil die Presse nicht da ist, obgleich das Bedürfnis einer freien, also zensurfähigen Presse vorhanden, da muss man die Vorzensur in Umständen suchen, welche den Gedanken schon in seinen anspruchsloseren Formen zurückgeschreckt haben.« Karl Marx, *Rechtfertigung des ††-Korrespondenten von der Mosel* (1843), MEW 1, S. 195.

durch den man den, der da sagte, »wer das Schwert nimmt, der soll durchs Schwert umkommen«,[038] den Gott machte, dem seit 312 n. Chr. Feldherrn aller Welt huldigen. Religion »ist das Opium des Volks.«[039] Religion, der Marxismus eingeschlossen.

4.

Dialektik von Egoismus und Altruismus. — Sollte es wahr sein, dass Marx ein Kollektivist, ein in der Wolle gefärbter Kommunist war, der dem Gebrauchswert, dieser rein subjektiven Betrachtung eines Gegenstandes unter dem Gesichtspunkt der eigenen, rein egoistischen Verwertbarkeit, huldigte, während er den Tauschwert, der nichts darstellt als den kollektiven Ausdruck individueller Gebrauchswerte,[040] ganz und gar undialektisch moralisch verwarf? – Das mag glauben, wer will; ich nicht. – Marx, soziologisch unzweifelhaft geprägt von jüdisch-deutscher Bürgerlichkeit. Friedrich Engels (1820-1895), soziologisch sicherlich aufgewachsen in der Kultur pietistischer Baumwollfabrikanten. Heißt es nicht, das Sein bestimme das Bewusstsein?[041] Was heißt das bezogen auf Marx und Engels?

038 *Matthäus* 26:52; »soll ... umkommen« ist Luthers Starkdeutsch; das griechische Original – απολουνται (apolountai) – legt eher die fatalistische Übersetzung »wird ... umkommen« nahe.
039 Karl Marx, *Zur Kritik der Hegelschen Rechtsphilosophie* (1844), MEW 1, S. 378.
040 Der Tauschwert sei etwas »rein Relatives« (Karl Marx, *Das Kapital I* [1867], MEW 23, S. 50f). Sollte es nicht »Relationales« heißen? Er drückt eine lebendige Beziehung aus, eben »Gebrauchswert für [!] andre, gesellschaftlichen Gebrauchswert« (ebd., S. 55). »[Waren] müssen sich als Gebrauchswerte bewähren, bevor sie sich als Werte realisieren können. Denn die auf sie verausgabte menschliche Arbeit zählt nur, soweit sie in einer für andre nützlichen Form verausgabt ist. Ob sie andern nützlich, ihr Produkt daher fremde Bedürfnisse befriedigt, kann aber nur ihr Austausch beweisen. Jeder Warenbesitzer will seine Ware nur veräußern gegen andre Ware, deren Gebrauchswert sein Bedürfnis befriedigt« (ebd., S. 100f).

Die Arbeitswertlehre ist in einer Hinsicht realistisch: Bloß Arbeit kann einem Ding Wert verleihen. Selbst ein vorgefundenes Ding besitzt nur Wert, wenn es eben gefunden und für Wert befunden wird, für den eigenen Gebrauch oder den des Nächsten nützlich. Der Wert der Arbeit aber drückt sich nicht im Zeitaufwand,[042] vielmehr darin aus, wieviel Wert das Ding für den Käufer hat. Wert entsteht nicht außerhalb der sozialen Sphäre.[043] Ebenso realistisch ist die Rede von Mehrarbeit, Mehrprodukt und Mehrwert. Bloß aus mehr Arbeit, mehr Produktion und Schaffen von mehr Werten, als für die Subsistenz notwendig, kann Wohlstand entstehen.

6.

Die Politik schafft die Probleme, die zu lösen sie vorgibt. — »Wo es politische Parteien gibt, findet jede den Grund eines jeden Übels darin, dass statt ihrer ihr Widerpart sich am Staatsruder befindet. Selbst die radikalen und revolutionären Politiker suchen den Grund des Übels nicht im Wesen des Staats [sic], sondern in einer bestimmten Staatsform, an deren Stelle sie eine andere Staatsform setzen wollen. [...]

041 »Es ist nicht das Bewusstsein der Menschen, das ihr Sein, sondern umgekehrt ihr gesellschaftliches Sein, das ihr Bewusstsein bestimmt.« Karl Marx, *Zur Kritik der politischen Ökonomie* (1859), MEW 13, S. 9.

042 »Insofern [Arbeit] als solche austauschbar (selbst Ware) ist, ist sie nicht nur quantitativ, sondern qualitativ bestimmt und verschieden, keineswegs allgemeine, sich gleiche Arbeitszeit.« Karl Marx, *Die Grundrisse der Kritik der politischen Ökonomie* (1858), MEW 42, S. 103. – »Wann also gilt das ›Arbeitswertgesetz‹? In gewissem Sinne niemals, unter keiner [sic] Gruppe tatsächlicher oder auch nur stimmig konstruierbarer [...] Bedingungen. In einem anderen Sinne immer [...]. Denn es folgt aus der Setzung jener Substanz, der Arbeit, [...] die sich in den Produkten ›kristalliert‹ – unabhängig davon, ob sie ausgetauscht werden oder nicht, ob sie auf diese oder jene Weise getauscht werden.« Cornelius Castoriadis, *Durchs Labyrinth: Seele, Vernunft, Gesellschaft* (1978), Frankfurt/M. 1986, S. 228.

043 F. A. Hayek (1899-1992) spricht von Wirtschaft als »*use of knowledge*

Sofern der Staat soziale Missstände zugesteht, sucht er sie entweder in Naturgesetzen, denen keine menschliche Macht gebieten kann, oder in dem Privatleben, das von ihm unabhängig ist, oder in der Zweck-Widrigkeit der Administration, die von ihm abhängt. So findet England das Elend in dem Naturgesetz begründet, wonach die Bevölkerung stets das Subsistenzmittel überschreiten muss. Nach einer andern Seite hin erklärt es den Pauperismus aus dem schlechten Willen der Armen, wie ihn der König von Preußen aus dem unchristlichen Gemüt der Reichen und wie ihn der Konvent [der Französischen Revolution, 1792-1795] aus der konterrevolutionären verdächtigen Gesinnung der Eigentümer erklärt. England bestraft daher die Armen, der König von Preußen ermahnt die Reichen, und der Konvent köpft die Eigentümer. Endlich suchen alle Staaten in zufälligen oder absichtlichen Mängeln der Administration die Ursache, und darum in Maßregeln der Administration die Abhülfe seiner Gebrechen. – Warum? – Eben weil die Administration die organisierende Tätigkeit des Staats ist. [...] Die klassische Periode des ›politischen Verstandes‹ ist die Französische Revolution. Weit entfernt, im Prinzip des Staats die Quelle der sozialen Mängel zu erblicken, erblicken die Heroen der Französischen Revolution vielmehr in den sozialen Mängeln die Quelle politischer Übelstände.«°⁴⁴

in society« (1946); das statt » Verwertung des Wissens in der Gesellschaft« mit » Vergesellschaftung des Wissens« zu übersetzen, macht aus ihm nicht weniger als einen Marxisten.
044 Karl Marx, »Kritische Randglossen« (1844), MEW 1, S. 401f. – Diese staatskritische Passage steht allerdings in einem Umfeld, in welchem Marx Hegel vorwirft, den Staat nicht in höchster Vollendung zu vergöttern: » So sinkt [!] Hegel überall dahin hinab, den ›politischen Staat‹ nicht als die höchste, an und für sich [!] seiende Wirklichkeit des sozialen Daseins zu schildern, sondern ihm eine prekäre, in Beziehung auf andres abhängige Wirklichkeit zu geben: ihn nicht als das wahre Dasein der andern Sphäre zu schildern, sondern ihn vielmehr in der andern Sphäre sein wahres Da-

7.

Statt Staat. — »Der Staat ist [...] nicht von Ewigkeit her. Es hat Gesellschaften gegeben, die ohne ihn fertig wurden, die von Staat und Staatsgewalt keine Ahnung hatten. Auf einer bestimmten Stufe der ökonomischen Entwicklung, die mit Spaltung der Gesellschaft in Klassen notwendig verbunden war, wurde durch diese Spaltung der Staat eine Notwendigkeit. Wir nähern uns jetzt mit raschen Schritten einer Entwicklungsstufe der Produktion, auf der das Dasein dieser Klassen nicht nur aufgehört hat, eine Notwendigkeit zu sein, sondern ein positives Hindernis der Produktion wird. Sie werden fallen, ebenso unvermeidlich, wie sie früher entstanden sind. Mit ihnen fällt unvermeidlich der Staat. Die Gesellschaft, die die Produktion auf Grundlage freier und gleicher Assoziation der Produzenten neu organisiert, versetzt die ganze Staatsmaschine dahin, wohin sie dann gehören wird: ins Museum der Altertümer, neben das Spinnrad und die bronzene Axt.«[045] Dass solche »Grundlage freier und gleicher Assoziation« oder der Marx'sche »Verein freier Menschen«[046] sich in Planungsbürokratie als Bestimmung verkörpert fände, ist im Marxismus dogmatisiert.[047] Dies ist nicht zufällig so. Der Staat mobilisiert ideologische Finesse, um gegen Kritik sich zu immunisieren. Dazu okkupiert er genau die Theorie, die ihm das Recht abspricht.

sein finden zu lassen. Er bedarf überall der Garantie der Sphären, die außer ihm liegen. Er ist nicht die verwirklichte Macht. Er ist die gestützte Ohnmacht, er ist nicht die Macht über diese Stützen, sondern die Macht der Stütze. Die Stütze ist das Mächtige.« Karl Marx, *Zur Kritik der Hegelschen Rechtsphilosophie* (1843), MEW 1, S. 320. Oder er seufzt: »In Deutschland, wo kein politischer Staat, kein Staat als Staat existiert, [...].« Karl Marx, *Zur Judenfrage* (1844), MEW 1, S. 351. Einen solchen Etatismus und Antisemitismus hat Marx sich später nicht mehr erlaubt.
045 Friedrich Engels, *Der Ursprung der Familie, des Privateigentums und des Staats* (1884), MEW 21, S. 168.
046 Karl Marx, *Das Kapital I* (1867), MEW 23, S. 92.

Propaganda der Un?tat. — »Die vielberufene Einheit von Theorie und Praxis hat eine Tendenz, in die Vorherrschaft von Praxis überzugehen. Manche Richtungen diffamieren Theorie selber als eine Form von Unterdrückung; wie wenn nicht Praxis mit jener weit unmittelbarer zusammenhinge. Bei Marx war die Lehre von jener Einheit beseelt von der – schon damals nicht realisierten – präsenten Möglichkeit der Aktion. Heute zeichnet eher das Gegenteil sich ab. Man klammert sich an Aktionen um der Unmöglichkeit der Aktion willen. Schon bei Marx allerdings verbirgt sich da eine Wunde. Er mochte die elfte Feuerbachthese[048] so autoritär vortragen, weil er ihrer nicht ganz sicher sich wusste. In seiner Jugend hatte er die ›rücksichtslose Kritik alles Bestehenden‹[049] gefordert. Nun spottete er über Kritik. Aber sein berühmter Witz gegen die Junghegelianer,[050] das Wort ›kritische Kritik‹,[051] war ein Blindgänger, verpuffte als bloße

047 So schreibt noch Herbert Marcuse 1964, als habe es den Holodomor (Ukraine, 1932-1933), den »Großen Sprung nach vorn« (VR China, 1958-1961) nicht gegeben, als sei es kein Hohn auf die noch kommenden, von den sozialistischen Staaten zentral geplanten Hungertoten in Kambodscha (1975-1978), in Äthiopien (1984-1985) und in Nordkorea (1994-1997): »Selbstbestimmung bei der Produktion und Verteilung lebenswichtiger Güter und Dienstleistungen wäre verschwenderisch.« Herbert Marcuse, *Der eindimensionale Mensch* (1964), Neuwied 1977, S. 262.
048 »Die Philosophen haben die Welt nur verschieden interpretiert, es kömmt aber darauf an, sie zu verändern.« Karl Marx, *Thesen über Feuerbach* (1845), posthum 1888 veröffentlicht, MEW 3, S. 535. Ludwig Feuerbach (1804-1872), Religionskritiker, Materialist.
049 In einem Brief 1843, im Jahr darauf veröffentlicht in den »Deutschfranzösischen Jahrbüchern«, MEW 1, S. 344. Die zeitliche Entfernung zwischen der »rücksichtslosen Kritik« und dem Spott über »kritische Kritik«, die Adorno behauptet, ist offensichtlich nicht gegeben. Sie beträgt maximal kaum mehr als zwei Jahre.
050 Junghegelianer, eine Gruppe von Hegelschülern, die um die Mitte des 19. Jahrhunderts aus dem Apologeten der preußischen Monarchie einen Revolutionär zu machen versuchten. Bauer, Feuerbach, Stirner ... *Marx!*

Tautologie. Der forcierte [sic] Vorrang von Praxis stellte die Kritik, die Marx selbst übte, irrational still. In Russland und in der Orthodoxie anderer Länder wurde der hämische Spott über die kritische Kritik zum Instrument dafür, dass das Bestehende furchtbar sich einrichten konnte. Praxis hieß nur noch: gesteigerte Produktion von Produktionsmitteln; Kritik wurde nicht mehr geduldet außer der, es werde noch nicht genug gearbeitet. So leicht schlägt die Subordination von Theorie unter Praxis um in den Dienst abermaliger Unterdrückung. Die repressive Intoleranz gegen den Gedanken, dem nicht sogleich die Anweisung zu Aktionen beigestellt ist, gründet in Angst.«[052]

9.

Element des Antisemitismus. — Zur bestimmten Negation seines Antisemitismus[053] und »Synthese« seines wiederhergestellten Judentums[054] im revolutionären Kapitalixmus

051 Friedrich Engels und Karl Marx, *Die heilige Familie oder Kritik der kritischen Kritik: Gegen Bruno Bauer und Konsorten* (1845), MEW 2.

052 Theodor W. Adorno, *Resignation* (1969), in: ders., *Kritik*, Frankfurt/M. 1971, S. 146f. Der letzte Satz ist psychologisierend. Die Repression gegen Theorie gründet nicht in Angst, sondern dient dem ökonomischen Interesse der Unterdrücker.

053 »Welches ist der weltliche Kultus des Juden? Der Schacher. Welches ist sein weltlicher Gott? Das Geld. [...] Wir erkennen also im Judentum ein allgemeines gegenwärtiges antisoziales Element. [...] Die Judenemanzipation in ihrer letzten Bedeutung ist die Emanzipation der Menschheit vom Judentum. [...] Ja, die praktische Herrschaft [!] des Judentums über [!] die christliche Welt hat in Nordamerika den unzweideutigen, normalen Ausdruck erreicht, dass die Verkündigung des Evangeliums selbst, dass das christliche Lehramt [!] zu einem Handelsartikel geworden ist, und der bankerotte Kaufmann im Evangelium macht wie der reichgewordene Evangelist in Geschäftchen. [...] Das Geld ist der eifrige Gott Israels, vor welchem kein andrer Gott bestehen darf.« K. Marx, *Zur Judenfrage* (1844), MEW 1, 372ff.

054 Mütterlicherseits wie väterlicherseits stammt Marx aus Familien von jüdischen Rabbinern. Der Vater konvertierte aus pragmatischen Gründen

kömmt es, indem wir Marx emanzipieren vom Kommunismus. Denn zentrales Element des Antisemitismus ist die Staatsferne »des« Juden, des »vaterlosen Gesellen«. Dies macht ihn zur Zielscheibe von Etatisten aller Art und aller Couleur.

10.

Unter guten falschen Freunden. — »In einem Land, welches die letztmögliche Stufe seines Reichtums erreicht hätte, wären beide, Arbeitslohn und Kapitalinteresse, sehr niedrig. Die Konkurrenz unter den Arbeitern, um Beschäftigung zu erhalten, wäre so groß, dass die Saläre auf das reduziert wären, was zur Erhaltung der nämlichen Zahl von Arbeitern hinreicht, und da das Land sich schon hinreichend bevölkert hätte, könnte sich diese Zahl nicht vermehren.«[055]

»»Einer, der z. B. ein großes Vermögen erbt, erwirbt dadurch zwar nicht unmittelbar politische Macht. Die Art von Macht, die diese Besitzung ihm unmittelbar und direkt überträgt, das ist die Macht zu kaufen, das ist ein Recht des Befehls über alle Arbeit von andern oder über alles Produkt dieser Arbeit, welches zur Zeit auf dem Markt existiert.‹ Smith. Das Kapital ist also die Regierungsgewalt über die Arbeit und ihre Produkte.«[056]

»Der Profit oder Gewinn des Kapitals ist ganz vom Arbeits-

zum Protestantismus um die Geburt von Marx rum, die Mutter erst einige Jahre danach. Da das Judentum über die mütterliche Seite vererbt wird, wurde Marx formell als Jude geboren. Es ist unwahrscheinlich, dass er eine religiös jüdische Erziehung genoss. Allerdings ist die Verwurzelung in der jüdischen Kultur unzweifelhaft. »Marx war von stockjüdischem Blut«, Friedrich Engels, *Brief über den Antisemitismus* (1890), MEW 22, S. 50. Der Beginn des Briefes allerdings ist schlapp: »Ob Sie aber mit Ihrem Antisemitismus nicht mehr Unglück als Gutes [*sic*] anrichten werden, muss ich Ihnen zu bedenken geben.«
055 Adam Smith. Zitiert in: Karl Marx, *Ökonomisch-philosophische Manuskripte* (1844), MEW 40, S. 475. – Diese Texte sind auch bekannt unter dem

lohn verschieden. Diese Verschiedenheit zeigt sich in dop-
pelter Weise: Einmal regeln sich die Gewinne des Kapitals
gänzlich nach dem Wert des angewandten Kapitals, obgleich
die Arbeit der Aufsicht und Direktion bei verschiedenen
Kapitalien die nämliche sein kann. Dann kömmt hinzu, dass
in großen Fabriken diese ganze Arbeit einem Hauptkommis
anvertraut ist, dessen Gehalt in keinem Verhältnis mit dem
Kapital steht, dessen Leistung er überwacht. Obgleich sich
hier nun die Arbeit des Proprietärs [Eigentümers] fast auf
nichts reduziert, verlangt er doch Profite im Verhältnis zu
seinem Kapital. Smith.«[057]

»›Ein produktiver Arbeiter [ist] derjenige, der unmittelbar
seines Meisters Reichtum vermehrt‹, sagt Malthus.«[058]

»In dem Urzustand gehört das Produkt der Arbeit ganz dem
Arbeiter. [...] Sobald aber Vorrat sich in den Händen von
Privatleuten aufhäuft, löst sich der Wert, den die Arbeiter
dem Gegenstand hinzufügen, in 2 Teile auf, wovon der eine
ihre Saläre, der andre den Profit bezahlt, welchen der Unternehmer auf die Summe des *stocks* macht, der ihm gedient
hat, diese Saläre und die Arbeitsmaterie zu avancieren. Er
hätte kein Interesse,[059] diese Arbeiter anzuwenden, wenn er
nicht vom Verkauf ihres Werkes etwas mehr erwartete, als
ihm nötig ist, um den Fonds zu ersetzen, und er hätte kein
Interesse, eher eine große als eine kleine Summe von Fonds

Titel »*Pariser Manuskripte*«. – Erstveröffentlichung 1932. – Die »*Manuskripte*« bieten vor allem darüber Aufschluss, inwiefern der »Marxismus«
in den Klassikern steckt.
056 Ebd., S. 484.
057 Zitiert in: ebd., S. 484.
058 Karl Marx, *Die Grundrisse der Kritik der politischen Ökonomie* (1858),
MEW 42, S. 227.
059 Bemerkenswert, wie leichtfertig Adam Smith hier das Interesse des
Kapitalisten als das Bestimmende für den Preis annimmt, als ob es nicht auf
die Bereitschaft der Nachfrager ankäme, einen bestimmten Preis zu zahlen.
Der Fehler liegt bei Smith, nicht bei Marx.

anzuwenden, wenn seine Profite nun nicht in irgendeiner Proportion [!] mit dem Umfange der angewendeten Fonds stünden.«⁰⁶⁰

»>Um es einem bedeutenden Teil des Gemeinwesens zu ermöglichen, die Vorzüge der Muße zu genießen, muss der Kapitalgewinn offensichtlich groß sein.< James Mill.«⁰⁶¹

»Der Verlust einer Arbeitsstunde pro Tag stellt einen außerordentlich großen Schaden für einen Handelsstaat dar. Der Konsum von Luxusgütern unter den arbeitenden Armen dieses Königsreichs ist sehr groß; besonders unter dem Manufakturpöbel: dabei konsumieren sie aber auch ihre Zeit, ein Verbrauch, verhängnisvoller als jeder andre.«⁰⁶²

»Wenn es für eine göttliche Einrichtung gilt, den siebenten Tag der Woche zu feiern, so schließt dies ein, dass die andern Wochentage der Arbeit angehören, und es kann nicht grausam gescholten werden, dies Gebot Gottes zu erzwingen ... Dass die Menschheit im allgemeinen von Natur [!] zur Bequemlichkeit und Trägheit neigt, davon machen wir die fatale Erfahrung im Betragen unsres Manufakturpöbels, der durchschnittlich nicht über 4 Tage die Woche arbeitet, außer im Fall einer Teuerung der Lebensmittel ... Gesetzt, ein Bushel Weizen repräsentiere alle Lebensmittel des Arbeiters, koste 5 sh., und der Arbeiter verdiene einen Schilling täglich durch seine Arbeit. Dann braucht er bloß 5 Tage in der Woche zu arbeiten; nur 4, wenn der Bushel 4 sh. beträgt ... Da aber der Arbeitslohn in diesem Königreich viel höher steht, verglichen mit dem Preise der Lebensmittel, so besitzt der Manufakturarbeiter, der 4 Tage arbeitet, einen Geld-

060 Adam Smith, zit. in: Karl Marx, *Grundrisse der Kritik der politischen Ökonomie* (1858), MEW 42, S. 515.
061 Karl Marx, *Ökonomisches Manuskript 1861-1863*, MEW 43, S. 201.
062 J. Cunningham, *An Essay on Trade and Commerce* (1770), zit. in: Karl Marx, *Das Kapital I* (1867), MEW 23, S. 247. Dieses anonyme Pamphlet, welches James Cunningham (1749-1791), dem 14th Earl of Glencairn, zu-

überschuss, womit er während des Rests der Woche müßig lebt. [...] Es ist außerordentlich gefährlich, *mobs* in einem kommerziellen Staat, wie dem unsrigen, zu encouragieren, wo vielleicht 7 Teile von den 8 der Gesamtbevölkerung Leute mit wenig oder keinem Eigentum sind ... Die Kur wird nicht vollständig sein, bis unsre industriellen Armen sich bescheiden, 6 Tage für dieselbe Summe zu arbeiten, die sie nun in 4 Tagen verdienen.«[063]

»›Der Geist der großen Mehrzahl der Menschen‹, sagt A. Smith, ›entwickelt sich notwendig aus und an ihren Alltagsverrichtungen. Ein Mensch, der sein ganzes Leben in der Verrichtung weniger einfacher Operationen verausgabt ... hat keine Gelegenheit, seinen Verstand zu üben ... Er wird im allgemeinen so stupid und unwissend, wie das für eine menschliche Kreatur möglich ist. [...] Aber in jeder industriellen und zivilisierten Gesellschaft ist dies der Zustand, worin der arbeitende Arme *(the labouring poor)*, d.h. die große Masse des Volks notwendig [!] verfallen muss.‹«[064]

»Der sanfte, freihändlerische Vulgärökonom Molinari sagt: ›In den [us-amerikanischen] Kolonien [...] sah man [...] die einfachen Arbeiter ihrerseits die industriellen Unternehmer ausbeuten, indem sie Löhne von ihnen forderten, die in gar keinem Verhältnis stehen zu dem rechtmäßigen Anteil, der ihnen an dem Produkt zukäme. Da die Pflanzer außerstande waren, für den Zucker einen ausreichenden Preis zu erhalten, um die Steigerung der Löhne decken zu können, waren sie genötigt, den Mehrbetrag zunächst aus ihren Profiten und daraufhin aus ihren Kapitalien selbst zu decken.«[065]

geschrieben wird, ist in Vergessenheit geraten, war aber zu seiner Zeit einflussreich.

063 J. Cunningham, ebd., zit. in: ebd., S. 291 f.

064 Karl Marx, *Das Kapital I* (1867), MEW 23, S. 383.

065 Ebd., S. 798. – Vulgärökonomen sind, nach Marx, solche, die die Erscheinungen für das Wesen nehmen.

»[Der us-amerikanische Ökonom Henry C. Carey erklärte] die kapitalistischen Produktionsverhältnisse erst für ewige Natur- und Vernunftsgesetze, deren frei harmonisches Spiel nur durch die Staatseinmischung gestört werde, um hinterher zu entdecken, dass Englands diabolischer Einfluss auf den Weltmarkt, ein Einfluss, der, wie es scheint, nicht den Naturgesetzen der kapitalistischen Produktion entspringt, die Staatseinmischung nötig macht – nämlich den Schutz jener Natur- und Vernunftsgesetze durch den Staat, *alias* das Protektionssystem.«[066a]

»Kapital, genau zu sprechen, hat keine produktive Macht. Die einzige produktive Macht ist die der Arbeit.«[066b]
Bei solchen Freunden des »Kapitalismus«, hülfe es ihm da nicht, einen von dessen Feinden, den Kommunisten Marx, in seinen wahren Verteidiger zu wandeln?

II.

Mit Marx gegen Marx: Aneignung. — Für den Kommunismus »ist die Herrschaft des sachlichen Eigentums so groß ihm gegenüber, dass er alles vernichten will, was nicht fähig ist, als Privateigentum von allen besessen [zu] werden; er will auf gewaltsame Weise von Talent etc. abstrahieren. [...] Dieser Kommunismus – indem er die Persönlichkeit des Menschen überall negiert – ist eben nur der konsequente Ausdruck des Privateigentums, welches diese Negation ist. Der allgemeine und als Macht sich konstituierende Neid ist

066a Zit. in: Karl Marx, *Das Kapital I* (1867), MEW 23, S. 587.
066b John Stuart Mill, zit. in: Karl Marx, *Ökonomisches Manuskript 1861-1863*, MEW 43, S. 201. John Stuart Mill (1806-1873), klassischer Nationalökonom mit etatistischer Schlagseite. – Marx sieht es wohlgemerkt anders: In *Das Kapital I* stelle ich »den Kapitalist als notwendigen Funktionär der kapitalistischen Produktion dar und zeige [...], dass er nicht nur ›abzieht‹ oder ›raubt‹, sondern die Produktion des Mehrwerts erzwingt, also das Abzuziehende erst schaffen hilft; ich zeige ferner [...], dass [...] der Kapita-

die versteckte Form, in welcher die Habsucht sich herstellt und nur auf eine andre Weise sich befriedigt. Der Gedanke jedes Privateigentums als eines solchen ist wenigstens gegen das reichere Privateigentum als Neid [*sic*] und Nivellierungssucht [*sic*] gekehrt, so dass diese sogar das Wesen der Konkurrenz ausmachen. Der rohe Kommunist ist nur die Vollendung dieses Neides und dieser Nivellierung von dem vorgestellten Minimum aus. Er hat ein bestimmtes begrenztes Maß. Wie wenig diese Aufhebung des Privateigentums eine wirkliche Aneignung ist, beweist eben die abstrakte Negation der ganzen Welt der Bildung und der Zivilisation. [...] Die Gemeinschaft ist nur eine Gemeinschaft der Arbeit und die Gleichheit des Salärs.«[067a] Wie?, Enteignung sollte zur wahren Aneignung und wahre Aneignung sollte nicht zu – wahrem Eigentum führen?[067b]

Wenn aber der wahre Kommunismus, der nicht-rohe, der nicht auf Neid gebaute, wenn das »Reich der Freiheit« in der Tat erst da beginnt, »wo das Arbeiten, das durch Not und äußere Zweckmäßigkeit bestimmt ist, aufhört«, »jenseits der Sphäre der eigentlichen materiellen Produktion«, dann vertrat der Kommunist Marx gleichsam eine Anti-Ökonomie, eine Kritik dessen, was »Ökonomie« ist. Eine Ökonomie als die Allokation von knappen Gütern – Zweckmäßigkeit unter der Bedingung äußerer Not – gibt es selbstredend bloß unter der Bedingung, dass die Güter tatsächlich knapp sind. Solange die Güter tatsächlich knapp sind, kann

list – sobald er dem Arbeiter den wirklichen Wert seiner Arbeitskraft zahlt – mit vollem Recht, d.h. dem dieser Produktionsweise entsprechenden Recht, den Mehrwert gewänne.« Karl Marx, *Randglossen zu A. Wagners »Lehrbuch der politischen Ökonomie«* (1880), MEW 19, S. 359.

067a Karl Marx, *Ökonomisch-philosophische Manuskripte* (1844), MEW 40, S. 534f.

067b »Dass aber von keiner Produktion, also auch von keiner Gesellschaft die Rede sein kann, wo keine Form des Eigentums existiert, ist eine Tauto-

die Freiheit »nur darin bestehn, dass der vergesellschaftete Mensch, die assoziierten Produzenten, diesen ihren Stoffwechsel mit der Natur rationell [*sic*] regeln [...]; ihn mit dem geringsten Kraftaufwand und unter den ihrer menschlichen Natur [*sic*] würdigsten und adäquatesten Bedingungen vollziehn«. Und das rationellste Verfahren ist unzweifelhaft der Kapitalismus; »gemeinschaftliche Kontrolle [...] statt [...] von einer blinden Macht beherrscht zu werden«[068] dagegen hat sich als eine böse Dystopie herausgestellt, als ein Überbleibsel von utopischem Sozialismus im Denken von Marx. Dass – andererseits – die Kapitalisten eine Entfaltung der Produktivkräfte bis zu jenem Punkt verhindern, an dem alle Bedürfnisse befriedigt werden können, *indem* oder *damit* sie sich mehr aneignen, als ihnen (nach welchem Maßstab auch immer) zusteht, ist eine ideologische Behauptung, die sich von selber widerlegt: Sich mehr anzueignen, als einem zusteht, geht nur, wenn *nicht* genug da ist, um alle Bedürfnisse zu befriedigen.

logie. Eine Aneignung, die sich nichts zu eigen macht, ist eine *contradictio in subjecto*.« K. Marx, *Einleitung zur Kritik der politischen Ökonomie* (1857), MEW 13, S. 619. Üblicherweise heißt es »*contradictio in adiecto*«, um den »Widerspruch in sich« zu kennzeichnen; mit Hegel lässt sich »zwischen dem spekulativen, vernünftigen und notwendigen Widerspruch (*contradictio in adiecto*) und dem empirischen, verständigen und unmöglichen Widerspruch (*contradictio in subiecto*)« unterscheiden (Andries Sarlemijn, *Hegels Dialektik*, Berlin 1971, S. 88). Die MEW übersetzen schlicht »ein Widersinn«.

068 Karl Marx, *Das Kapital III* (1865), MEW 25, S. 828.

III.
Die 11 andern Thesen: Historisch-induktiv
mit Marx gegen Marx

1.

In der Jäger- und Sammlergesellschaft sind die Unterschiede bei der Verfügung über die Mittel ihres Überlebens an die jeweilige Kraft des Familienverbandes gebunden, doch sie bleiben flüchtig, lassen sich nicht (oder bloß in einem eng begrenzten Rahmen) akkumulieren. Durch kooperative und innovative Anstrengungen, durch Erfindungen in der Land-wirtschaft und im Hausbau, durch Spezialisierung der Ar-beit und den deshalb notwendig werdenden Güteraustausch wird Land dauerhaft besetzt und entwickelt, der Verfügung Anderer entzogen. – Die Fähigkeit zur produktiven Arbeit macht es möglich, Reichtum zu akkumulieren, nicht nur den zu sofortigem Konsum, vielmehr auch zu einer fortgesetzten Produktion von Mitteln der Lebenserhaltung und des Luxus, der über das unmittelbar notwendige Maß hinaus geht.

2.

Dieser Reichtum will verteidigt werden. Denn sobald die Menschen mittels ihrer kooperativen Anstrengungen mehr herstellen können, als sie zur unmittelbaren Erhaltung des eignen Lebens und desjenigen der Nachkommen benötigen, lockt dieses Mehrprodukt Räuber. Die Räuber also eignen sich jenes Mehrprodukt an, um selber ihr Leben ohne die Anstrengung produktiver Arbeit zu erhalten.

3.

Wer auch immer als Sieger aus diesem Kampf hervorgeht, sichert die eigene Position ab. Die Sieger solidarisieren sich und organisieren sich militärisch. Was den Widerstand der

Beraubten gering hält und erfolglos macht, ist Entwaffnung. Die Beraubten werden auf diese Weise direkter Kontrolle unterworfen, zu Sklaven herabgewürdigt. Die organisierten Räuber entwickeln nun eine Rechtsfiktion, der zu Folge der *status quo* der geraubten Ländereien, das angeeignete Mehrprodukt und die Körper der Unterworfenen ihr natürliches sowie moralisches Eigentum darstellen. Die Beziehung der organisierten Räuber untereinander, dergestalt zum Staat formiert, sowie zu den unterworfenen, wehr-, besitz- und rechtlosen Sklaven wird von Stund' an durch dieses Eigentumsrecht geregelt.

4.

Die Räuber bilden jetzt eine Klasse, und in der organisierten Gesellschaft, im Staat, erfinden sie das Instrument, um ihre Klassenherrschaft abzusichern.

5.

Die Klasse der solcherart institutionalisierten Räuber, der Herrn, macht aber auch zunehmend abhängig sich von der Klasse all derer, die die Güter ihres Wohlstands produzieren. Je erfolgreicher die Produzenten, desto größer wird nämlich deren Anreiz und deren Fähigkeit, sich der Enteignung zu widersetzen. Der Hunger der Herrn nach Wohlstand lässt eine Industrie gedeihen, die mehr bietet als die Produktion des unmittelbaren Lebenserhalts. Ein dritter Stand schiebt sich zwischen Bauer und Herr, ein Stand, der Reichtum auf eigene Art akkumuliert, durch Produktion und Tausch, teils unter dem Schutz und mit Hilfe der Herrn, teils abseits von ihnen oder sogar im Verborgenen. Die Institutionen und Mittel der Herrn, Mehrprodukt abzuschöpfen, passen nicht mehr auf die neue Produktionsweise des dritten Standes, der Bürgerschaft, der »Bourgeoisie«. Der Begriff von Eigentum unter den Herrn, geknüpft an Land und Erbe, verliert seine Bedeutung. Die Herrn geraten in die Fänge des Geldes, das die Bourgeoisie regiert, bis diese sich erhebt und neue, ihrer Produktionsweise angemessenere Institutionen des Staates schafft.

6.

Unter dem Banner von »Freiheit, Gleichheit und Brüderlichkeit« tritt die Bourgeoisie an. Doch sie zementiert die Eigentumsverhältnisse, wie sie im Schatten des Feudalismus entstanden sind. Lehen verwandelt sich vom Grundbesitz in Bodeneigentum und schließlich in Kapital; die Masse der Produzenten bleibt ausgeschlossen, wird zum Proletariat, drauf verwiesen, die bloße Arbeitskraft zu Markte zu tragen. So wie das römische Recht das Institut des Eigentums als Legitimation der Sklavenhaltergesellschaft geschaffen hat, verwandelt die Ideologie der Bourgeoisie den Begriff des Eigentums. Sie behauptet einen ursprünglich freien, friedlichen & gleichen Zugang zum Boden, zu den Produktionsmitteln und zum Kapital, sie klammert aus die Gewaltsamkeit und den Raubcharakter der ursprünglichen Akkumulation.[069] Sie geht los von einem gerechten Tausch zwischen Besitzer der Produktionsmittel und der Arbeitskraft, unterstellt ökonomische Harmonie zwischen Bourgeoisie und Proletariat. Die Unterlegenheit der Arbeiter erscheint in der neo-feudalistischen Ideologie als ein erbliches Merkmal von Faulheit, von Dummheit und von moralischer Verworfenheit, schlicht als unabänderlicher Stempel des Schicksals, genauso wie es die Verdammung des Sklaven zum Sein eines Sklaven in der antiken Ideologie war.

069 »Was die Ökonomen ›vorgängige oder ursprüngliche Akkumulation‹ nennen, [sollte] aber ursprüngliche Expropriation genannt werden.« Karl Marx, *Lohn, Preis und Profit* (1865), MEW 16, S. 131.

7.

Auf politischer Ebene wiederholt sich die Ideologie. Es wird ein Modell vorausgesetzt, nach welchem sich die freien und gleichen Menschen vergesellschaften, sich über die ihnen dienlichsten Institutionen verständigen und damit zu einer Abmachung oder gar zu einem Vertrag gelangen. Dass kein Staat auf diese Weise konstituiert wurde, ficht die Ideologie nicht an, so wenig wie die Tatsache der Gewaltsamkeit von der »ursprünglichen Akkumulation« bürgerliche National-ökonomen veranlasste, ihre Prämissen zu korrigieren.

8.

In der Praxis braucht die Bourgeoisie den bürgerlichen Staat wie die Herrn den Feudalismus, um die ungerechte Eigentumsordnung zu schützen. Als herrschende Klasse überträgt die Bourgeoisie *in Akten zunehmender Selbstentmachtung*[070] dem Staat weitere Aufgaben, die sich daraus ergeben, ihre Monopolstellung ökonomisch abzusichern, Kosten von der Produktion auf die Allgemeinheit zu überwälzen, die Produktion oder Distribution in ihrem Sinne zu verbessern. Aber wie auch der Feudalismus stößt die Produktionsweise der Bourgeoisie aller staatlichen Stützungsmaßnahmen zum

070 »Indem [...] die Bourgeoisie, was sie früher als ›liberal‹ gefeiert, jetzt als ›sozialistisch‹ verketzert, gesteht sie ein, dass ihr eignes Interesse gebietet, sie der Gefahr des Selbstregierens zu überheben, dass, um die Ruhe im Lande herzustellen, vor allem ihr Bourgeoisparlament zur Ruhe gebracht, um ihre gesellschaftliche Macht unversehrt zu erhalten, ihre politische Macht gebrochen werden müsse; [...] dass ihre Klasse neben den andern Klassen zu gleicher politischer Nichtigkeit verdammt werde.« Karl Marx, *Der achtzehnte Brumaire des Louis Bonaparte* (1852), MEW 8, S. 154. »... und das alles, um das Eigentum vor den Gefahren des Sozialismus zu retten!« *Der französische Crédit mobilier*, 2. Artikel (1856), MEW 12, S. 28. »Die erste französische Revolution mit ihrer Aufgabe, die nationale Einheit zu begründen [...], musste jede lokale, territoriale, städtische und provinzielle Unabhängigkeit beseitigen. Sie war daher gezwungen, das zu entwickeln, was die absolute Monarchie begonnen hatte, die Zentralisation

Hohne an ihre Grenze. Krisen erschüttern ihre Ökonomie. Unangenehm für die Bürger, tödlich für die Arbeiterschaft.

9.

Das Proletariat erhebt sich gegen das neue Joch, welches die Bourgeoisie jener Versprechungen von »Freiheit, Gleichheit und Brüderlichkeit« entgegen ihm auferlegt hat. Es richtet sich gegen das Institut des Eigentums, um das Versprechen des Eigentums, nämlich gerechten Anteil an der Produktion und Mitsprache bei der Gestaltung des gemeinsamen gesellschaftlichen Raumes, einzulösen: Die Ideologie wird »aufgehoben«, in gesellschaftliche Realität verwandelt.

10.

Um den Rückfall in die Gewalt zu verhindern, die Gewalt, die die Produzenten der Verfügung über ihr Arbeitsprodukt und der Wahrnehmung ihrer Freiheit beraubt, die Bedingungen der Vergesellschaftung selber zu bestimmen, muss das Proletariat eine Diktatur errichten. Der Inhalt dieser Diktatur ist die Herstellung und Verteidigung der Freiheit gegen die Versuche der ihrer Privilegien Beraubten, die alte Ordnung wiederherzustellen.

und Organisation der Staatsmacht, und den Umfang [... der ...] übernatürlichen Gewalt [der Staatsmacht] über die wirkliche Gesellschaft auszudehnen, eine Gewalt, die faktisch den Platz des mittelalterlichen übernatürlichen Himmels mit seinen Heiligen einnahm. Jedes geringfügige Einzelinteresse, das aus den Beziehungen der sozialen Gruppen hervorging, wurde von der Gesellschaft selbst getrennt, fixiert und von ihr unabhängig gemacht und ihr in der Form des Staatsinteresses, das von Staatspriestern mit genau bestimmten hierarchischen Funktionen verwaltet wird, entgegengesetzt. [...] Alle Revolutionen vervollkommneten [...] nur die Staatsmaschinerie, statt diesen ertötenden Alp abzuwerfen. Die Fraktionen und Parteien der herrschenden Klassen, die abwechselnd um die Herrschaft kämpften, sahen die Besitzergreifung [...] und die Leitung dieser ungeheuren Regierungsmaschinerie als die hauptsächliche Siegesbeute an.« *Entwurf zum »Bürgerkrieg in Frankreich«* (1871), MEW 17, S. 539.

Gegen Marx mit Marx. — Die Marxisten haben die Irrtümer
von Marx bezüglich der ökonomischen »Rationalität« von
Planwirtschaft und eigentums-entfremdender Gemeinwirtschaft kanonisiert, wohingegen sie die befreiende Dynamik
seiner historischen Dialektik verwarfen: Der »Marxismus«
verbreitet sich nach wie vor in *dieser* Form, weil er den Herrschenden, den Staatsprofiteuren, nutzt.[071] Der Marxismus ist
Ideologie im Sinne von Marx. Es kömmt aber darauf an, das
Marx'sche Gold aus dem Schatten zu bergen: den Kapitalixmus.

071 »Der Marxismus verbreitet sich, weil er gut ist für die Chefs.« André
Glucksmann und Thierry Wolton, *Politik des Schweigens: Hintergründe der
Hungerkatastrophe in Äthiopien* (1986), Stuttgart 1987, S. 196. – »Was man
[André Glucksmann] nicht vergab, war, dass er nicht nur zu Lenin zurück-
ging [...], um ein falsches Zukunftsbild zu entlarven, sondern [der Skandal]
lag darin, sehr deutlich zu zeigen: Hier war gar kein ›Irrtum‹. Der Stalinis-
mus war die Wahrheit. ›Ein wenig‹ verzerrt, gewiss; *er* war der politische
Entwurf von Marx und auch anderen vor ihm. Im Archipel Gulag schienen
nicht etwa die Konsequenzen eines entsetzlichen Versehens auf, sondern
vielmehr die Konsequenzen eben dieser Theorie des allein ›Wahren‹ einer
politischen Ordnung.« Michel Foucault, in: Die Zeit, 29/1977.

IV.
Die ersten 11 Thesen: Logisch-deduktiv[072]
gegen Marx mit Marx

1.

Die bei den Nationalökonomen vorgefundene Arbeitswertlehre, von ihm als bürgerlich apostrophiert, benutzt Marx in leicht modifizierter Form, um zwei Probleme der klassisch liberalen ökonomischen Theorie zu lösen, nämlich *erstens* die Aussage, der Preis einer Ware sei die Summe von deren Faktorenkosten (Kapital und Arbeit). Marx sieht, dass diese Aussage den Preis gar nicht erklärt, weil sie die Preise der Faktoren als gegeben voraussetzt und demnach tatsächlich unerklärt lässt. Es muss demnach einen Ausgangs- oder Ursprungspunkt geben, der den unendlichen Regress beendet. Da die klassisch liberale ökonomische Theorie die Arbeit als den wertschaffenden Faktor ansieht und Arbeit als Ware charakterisiert, hilft Marx ihr mit der aus seiner Sicht ebenso genialen wie falschen Hypothese auf die Sprünge – die Ware »Arbeitskraft« werde in der Tat durch ihre Faktorenkosten bestimmt & diese könne in einem nicht-preislichen Ausdruck dargestellt werden: als die notwendige Arbeitszeit mithin, die es kostet, die »Reproduktion« oder Subsistenz ihrer selbst zu sichern.[073] Indem Marx den Wert einer Ware

072 Die Unterscheidung von induktiv-historisch und deduktiv-logisch in der Marx'schen Methode geht auf W. I. Lenin zurück, zit. n. Ernest Mandel, *Der Spätkapitalismus*, Frankfurt/M. 1972, S. 12.

073 »Wie wird [der Wert der Ware Arbeitskraft] bestimmt? Der Wert der Arbeitskraft, gleich dem jeder andren Ware, ist bestimmt durch die zur Produktion, also auch Reproduktion, dieses spezifischen Artikels notwendige Arbeitszeit. Soweit sie Wert, repräsentiert die Arbeitskraft selbst nur ein bestimmtes Quantum in ihr vergegenständlichter gesellschaftlicher Durchschnittsarbeit. Die Arbeitskraft existiert nur als Anlage des lebendigen Individuums. Ihre Produktion setzt also seine Existenz voraus. Die Existenz des Individuums gegeben, besteht die Produktion der Arbeits-

vom im Tauschverhältnis gebildeten Preis löst, wird ihm nun auch erklärlich, wie die klassische »liberale« ökonomische Theorie behaupten kann (und das ist ihr *zweites* kardinales Problem, das Marx zu lösen hatte), »Äquivalente« würden getauscht, wohingegen Marx doch realistisch erkannte, dass in Wahrheit Ungleiches°74 getauscht werde: Jeder gibt, was für ihn als Gebrauchswert weniger wert ist als das, was er bekommt. Aber äquivalent seien die »Arbeitsquanten«.

2.

Die Arbeitswertlehre immunisiert Marx gegen die sozialdemokratische, geldreformerische, revisionistische und die keynesianische Geldillusion:°75 Die Vermehrung von Geld oder dessen Ersetzung durch Stundenzettel bzw. ein warenungedecktes Papiergeld kann weder den Wohlstand mehren

kraft in seiner eignen Reproduktion oder Erhaltung. Zu seiner Erhaltung bedarf das lebendige Individuum einer gewissen Summe von Lebensmitteln. Die zur Produktion der Arbeitskraft notwendige Arbeitszeit löst sich also auf in die zur Produktion dieser Lebensmittel notwendige Arbeitszeit, oder der Wert der Arbeitskraft ist der Wert der zur Erhaltung ihres Besitzers notwendigen Lebensmittel. Die Arbeitskraft verwirklicht sich jedoch nur durch ihre Äußerung, betätigt sich nur in der Arbeit. Durch ihre Betätigung, die Arbeit, wird aber ein bestimmtes Quantum von menschlichem Muskel, Nerv, Hirn usw. verausgabt, das wieder ersetzt werden muss. Diese vermehrte Ausgabe bedingt eine vermehrte Einnahme. Wenn der Eigentümer der Arbeitskraft heute gearbeitet hat, muss er denselben Prozess morgen unter denselben Bedingungen von Kraft und Gesundheit wiederholen können. Die Summe der Lebensmittel muss also hinreichen, das arbeitende Individuum als arbeitendes Individuum in seinem normalen Lebenszustand zu erhalten. Die natürlichen Bedürfnisse selbst, wie Nahrung, Kleidung, Heizung, Wohnung usw., sind verschieden je nach den klimatischen und andren natürlichen Eigentümlichkeiten eines Landes. Andrerseits ist der Umfang sog. notwendiger [*sic*] Bedürfnisse, wie die Art ihrer Befriedigung, selbst ein historisches Produkt und hängt daher großenteils [*sic*] von der Kulturstufe eines Landes, unter andrem auch wesentlich davon ab, unter welchen Bedingungen, und daher mit welchen Gewohnheiten und Lebensansprüchen [*sic*] die Klasse der freien Arbeiter sich gebildet hat. Im Gegensatz zu den andren Waren enthält also die Wertbestimmung der

noch die sozialen Probleme lösen, denn nicht Geld, sondern organisierte, Gebrauchswerte schaffende Arbeit produziert Wohlstand. Wenn es in einer Krise so scheint, als sei nicht »genug« Geld vorhanden, ist das bloß ein Zeichen dafür, dass die reale (Gebrauchs-) Werte produzierende Struktur der Produkivkräfte aus der Balance geriet.

3.

Nicht nur das. Auch der gewerkschaftliche Lohnkampf muss der Arbeitswertlehre zufolge eine Chimäre bleiben,[076] denn die Marx'sche »Lösung« des theoretischen Problems der klassisch liberalen ökonomischen Theorie, den Preis durch einen vorangegangenen Preis zu erklären, greift erst, wenn der Lohn durch die Subsistenz, mithin eine nicht-monetäre Größe festgesetzt ist.[077] Lohnerhöhungen können nur in der

Arbeitskraft ein historisches und moralisches Element. Für ein bestimmtes Land, zu einer bestimmten Periode jedoch, ist der Durchschnitts-Umkreis der notwendigen Lebensmittel gegeben.« Karl Marx, *Das Kapital I* (1867), MEW 23, S. 184f.

074 »Waren [werden] nur ausgetauscht, weil sie ungleich [*sic*] sind und verschiedenen Systemen von Bedürfnissen entsprechen.« Karl Marx, *Grundrisse der Kritik der politischen Ökonomie* (1859), MEW 42, S. 76.

075 Siehe Thesen VII.10 und VIII.8.

076 »Obgleich wir das Minimum der Arbeitslöhne feststellen können, [können wir] nicht ihr Maximum feststellen. [...] Die Frage löst sich auf in die Frage nach dem Kräfteverhältnis der Kämpfenden. [...] Was die Grenzen des Werts der Arbeit angeht, so hängt seine faktische Festsetzung immer von Angebot und Nachfrage ab.« *Lohn, Preis und Profit* (1865), MEW 16, S. 149. Kampf? Angebot & Nachfrage? Oder Subsistenz?

077 Aber: »Von dem ›ehernen Lohngesetz‹ gehört [Ferdinand] Lassalle bekanntlich nichts als das den Goetheschen ›ewigen, ehernen, großen Gesetzen‹ entlehnte Wort ›ehern‹. – Das Wort ehern ist eine Signatur, woran sich die Rechtgläubigen erkennen. Nehme ich aber das Gesetz mit Lassalles Stempel und daher in seinem Sinn, so muss ich es auch mit seiner Begründung nehmen. Und was ist sie? Wie [Friedrich Albert] Lange schon kurz nach Lassalles Tod zeigte: die (von Lange selbst gepredigte) Malthussche Bevölkerungstheorie. – Ist diese aber richtig, so kann ich wieder das Gesetz nicht aufheben, und wenn ich hundertmal die Lohnarbeit aufhebe,

Geldillusion scheinbar sein, denn dem Mehr an Geld, das der Arbeiter kriegt, müsste ein Sinken der Kaufkraft des Geldes gegenüberstehen. Zwei Schwierigkeiten tun sich auf: Einerseits ist die Marx'sche Verelendungstheorie, die Behauptung, die Lebensverhältnisse der Arbeiter würden sich mit Zwangsläufigkeit kontinuierlich verschlechtern,[078] nicht erklärbar, denn wenn die Arbeiter Löhne kriegen auf dem Niveau der Subsistenz, würde eine Senkung derselben dazu führen, dass die Ware Arbeitskraft nicht mehr reproduzierbar ist. Andererseits widerlegt jede empirische Steigerung des Reallohns den starren Arbeitswert. Marxistische Soziologen haben immer wieder Zuflucht genommen zu einem »historisch« definierten Niveau der Subsistenz. So könnte es sein, dass zu einem gewissen historischen Zeitpunkt der Entfaltung der Produktivkräfte deren Reproduktion mehr erheischt als Nahrung und Unterkunft, zum Beispiel etwa Bildung. Marxisten müssen an dieser Stelle nicht mehr beweisen, dass die Gleichung Lohn = Subsistenz gilt, denn sie folgt bereits aus der klassisch liberalen ökonomischen Theorie, deren »Richtigkeit« hegelianisch vorauszusetzen ist.[079] Allerdings müssten sie beweisen, dass Steigerungen des Lebensstandards wie Bildung, Arbeitszeitverkürzung, Verbreitung von Haushaltsgeräten, verbesserte Ernährung, Freizeitangebote usw. usf. ausschließlich für die Reproduk-

weil das Gesetz dann nicht nur das System der Lohnarbeit, sondern jedes gesellschaftliche System beherrscht.« Karl Marx, *Kritik des Gothaer Programms* (1875), MEW 19, S. 25. Nun, anderweitig beruft auch Marx die »eherne Notwendigkeit« (*Das Kapital I* [1867], MEW 23, S. 12).

078 »Mit der beständig abnehmenden Zahl der Kapitalmagnaten [...] wächst die Masse des Elends, des Drucks, der Knechtschaft, der Entartung, der Ausbeutung.« Karl Marx, *Das Kapital I* (1867), MEW 23, S. 790.

079 Vgl. These IV.8.

080 Vgl. These IV.4.

081 Dass Mehrwert nicht durch Warentausch, sondern nur durch die zugesetzte Arbeit entsteht (Karl Marx, *Das Kapital I* [1867], S. 170ff) ist un-

tion notwendig sind. Eine jede Wirkung auf den Komfort des Arbeiters müsste ausgeschlossen sein, denn sonst würde er vom realen Fortschritt und vom Mehrwert[080] profitieren. Wenn der Arbeiter an dem Mehrwert partizipieren würde, indem sein Lebensstandard steigt, könnte die Reproduktion der Ware Arbeitskraft nicht mehr als der unwandelbare, nicht-preisliche Ausgangs- und Ursprungspunkt der Wertschaffung gelten.

4.

Mehrwert nach Marx ist die Differenz zwischen der für die Produktion der zum Lebensunterhalt – Reproduktion der Ware Arbeitskraft – notwendigen Güter und der tatsächlichen Arbeitszeit: Produziert ein Arbeiter in 5 Stunden, was er zur Deckung des eigenen Bedarfs braucht, arbeitet aber 10 Stunden, sind die in den 5 weiteren Stunden produzierten Waren *Mehrwert*, den der Besitzer der Produktionsmittel sich als arbeitsloses Einkommen aneignet. Nur Mehrwert ist nach Marx Generator von Profit.[081] Die Kritik, Marx habe die unternehmerische Tätigkeit unberücksichtigt gelassen, ist falsch. Sofern der Besitzer der Produktionsmittel notwendige Arbeit beisteuert, ist er Arbeiter und derart sein Einkommen laut Marx gerechtfertigt.[082] Da der Besitzer der Produktionsmittel sowohl als Arbeiter auftritt, der eine not-

abweisbar, wenn Arbeit im weitesten Sinne genommen wird. Selbst der Händler, der eine Ware an einem Ort zu einer Zeit kauft, um sie an einem anderen Ort oder zu einer anderen Zeit teurer zu verkaufen, setzt ihr sein Wissen über den höheren Gebrauchswert an einem andren Ort oder zu einer andren Zeit hinzu; dies ist seine Arbeit. Mit ihr dient er über seinen »Bereicherungstrieb« (ebd., S. 168) den Mitmenschen, der Gesellschaft.
082 »Die besonderen Funktionen, die der Kapitalist als solcher zu verrichten hat, und die ihm gerade im Unterschied von, und Gegensatz zu den Arbeitern zukommen, werden als bloße Arbeitsfunktionen dargestellt. Er schafft Mehrwert, nicht weil er als Kapitalist arbeitet, sondern weil er, abgesehen von seiner Eigenschaft als Kapitalist, auch arbeitet. Dieser Teil

wendige Arbeit beisteuert, als auch die Person ist, die vom Mehrwert profitiert,[083] haben wir nun eine Personengruppe, die unweigerlich als Arbeiter vom Mehrwert profitiert und damit den Fall, dass das Realeinkommen nicht von der Subsistenz diktiert ist. Wenn wir uns eine Gesellschaft denken, in der ausschließlich Selbständige arbeiten, wäre zwar der Mehrwert als theoretisches Modell noch darstellbar, würde jedoch keine sozial problematische Rolle mehr spielen, vielmehr nur noch Indikator sein für steigenden ökonomischen Fortschritt.

5.

Die Theorie des Mehrwerts nach Marx mündet in einige theoretische Probleme. Murray Rothbard hebt im Anschluss an Eugen Böhm von Bawerk[084] besonders darauf ab, dass der Profit in arbeitsintensiven Industriezweigen höher ausfallen müsste[085] als in den maschinen- oder ressourcenintensiven Industriezweigen. Dies erscheint sozialpolitisch ein nebensächlicher Punkt, dennoch: Es ist genau der Punkt, der die Marx'sche Theorie falsifizierbar macht. Wenn sich herausstellt, dass die Profitrate in allen Industriezweigen zwar schwankt, allerdings um einen Gleichgewichtspunkt und damit unabhängig ist vom Verhältnis zwischen fixem oder konstantem und lebendigem, variablem oder zirkulieren-

des Mehrwerts ist also gar nicht mehr Mehrwert, sondern sein Gegenteil, Äquivalent für vollbrachte Arbeit.« Karl Marx, *Das Kapital III* (1865), MEW 25, S. 396.

083 »[Unternehmerlohn] nicht Aneignung von fremder Arbeit, sondern Wertschöpfung eigener Arbeit«, Karl Marx, *Revenue and its sources* (1862), MEW 26.3, S. 486.

084 Eugen Böhm v. Bawerk, *Zum Abschluss des Marxschen Systems*, Berlin 1896.

085 Auch das kann Marx von Adam Smith herleiten: »»Jede Ersparung in der Erhaltung des *capital fixe* ist [!] ein Zuwachs des Reingewinns. Das Gesamtkapital eines jeden Arbeitsunternehmers [*] teilt sich notwendig

dem Kapital,[086] ist die Marx'sche (eigentlich: Smith'sche) Mehrwerttheorie widerlegt. – Marx hat das Problem, wie Rothbard herausarbeitet, durchaus gesehen, aber nicht gelöst: Darum, so spekuliert Rothbard, könnte er den dritten Kapitalband nicht fertig gestellt haben.

6.

Aus der Marx'schen Mehrwerttheorie ergibt sich auch das von Marx selber so benannte *Gesetz vom tendenziellen Fall der Profitrate*, insofern das Kapital dazu tendiert, lebendiges Kapital (Arbeit) durch konstantes Kapital (Maschinen etc.) zu ersetzen. Das Kapital müsste sich der Innovation (also der Ersetzung der Arbeitskraft durch Maschinen, Rationalisierung) sogar aktiv widersetzen. Steigerung von Profit oder Gier – die Marxisten »den« Kapitalisten vorwerfen – wäre nicht möglich. Jeder Nachweis von steigenden Profitraten, ohne dass das lebendige gegenüber dem konstanten Kapital zunähme, widerlegt die Marx'sche Mehrwerttheorie.

7.

Schlechterdings nicht darstellbar in der Marx'schen Mehrwerttheorie ist der Preiswettbewerb unter den Kapitalisten und deren Wettbewerb um Arbeitskräfte. – Nehmen wir den von Marx so gern bemühten Fall eines Verhältnisses von

zwischen seinem *capital fixe* und seinem *capital circulant*. Bei der Gleichheit der Summe wird der eine Teil um so kleiner sein, je größer der andere ist. Das *capital circulant* liefert ihm die Materie und *salaire* der Arbeit und setzt die Industrie in Tätigkeit. Also jede Ersparnis im *capital fixe*, welche die produktive Kraft der Arbeit nicht vermindert, vermehrt den *fonds.‹* Smith.« *Ökonomisch-philosophische Manuskripte* (1844), MEW 40, S. 491. [*] »*undertaker of the work*«, Unternehmer; Kapital-, nicht Grundbesitzer. 086 Die Unterscheidung von fixem Kapital (Boden, Maschinen) und zirkulierendem Kapital (produzierte Waren) übernimmt Marx wohlgemerkt von Adam Smith, korrigiert David Ricardo folgend die Bezeichnung der »produzierten Waren« jedoch in: »Arbeitsquanten«.

5 Stunden notwendiger zu 5 Stunden Mehrarbeit. In den 5 notwendigen Stunden eingeschlossen sei gerechtfertigter Unternehmerlohn. Der Betrieb habe nun Absatzschwierigkeiten. Nach dem (durch Marx nicht angezweifelten) Gesetz von Angebot und Nachfrage[087] wird der Unternehmer nun den Verkaufspreis senken. Dazu hat er Spielraum, ohne die Reproduktion seiner selbst und seines Unternehmens zu gefährden, allein die Mehrwertausbeute sinkt. Durch fallende Preise jedoch profitieren auch die Arbeiter, die zwar nicht mehr Geldlohn erhalten, mit diesem allerdings nun mehr

087 »Sobald wir unterstellen, dass keinerlei Wechsel stattgefunden, weder in der Produktivkraft der Arbeit noch im Umfang des Kapitals und der angewandten Arbeit, noch im Wert des Geldes, worin die Werte der Produkte geschätzt werden, sondern nur ein Wechsel in der Lohnrate, wie könnte diese Lohnsteigerung die Warenpreise beeinflussen? Doch nur, indem sie das bestehende Verhältnis zwischen der Nachfrage nach diesen Waren und ihrem Angebot beeinflusst. [...] Eine allgemeine Steigerung der Lohnrate würde [...] eine Zunahme der Nachfrage nach Lebensmitteln und folglich eine Steigerung ihrer Marktpreise hervorrufen. Die Kapitalisten, die diese Lebensmittel produzieren, würden für den gestiegnen Lohn mit steigenden Marktpreisen für ihre Waren entschädigt. Wie aber die andern Kapitalisten, die nicht Lebensmittel produzieren? [...] Für das der allgemeinen Lohnsteigerung geschuldete Fallen der Profitrate könnten sie sich nicht durch eine Steigerung des Preises ihrer Waren schadlos halten, weil die Nachfrage nach diesen Waren nicht gewachsen wäre. [...] Da ihr Einkommen vermindert, würden sie weniger auf Luxusartikel zu verausgaben haben, und so würde ihre wechselseitige Nachfrage für ihre respektiven Waren abnehmen. Infolge dieser Abnahme würden die Preise ihrer Waren fallen. Daher würde in diesen Industriezweigen die Profitrate fallen, und zwar nicht bloß im einfachen Verhältnis zu der allgemeinen Steigerung der Lohnrate, sondern im kombinierten Verhältnis zu der allgemeinen Lohnsteigerung, der Preissteigerung der Lebensmittel und dem Preisfall der Luxusartikel. Welche Folgen hätte diese Differenz in den Profitraten für die in den verschiednen Industriezweigen angewandten Kapitalien? Nun, dieselben, die gewöhnlich stattfinden, wenn aus irgendeinem Grund die Durchschnittsprofitrate in den verschiednen Produktionssphären sich ändert. Kapital und Arbeit würden von den weniger gewinnbringenden nach den mehr gewinnbringenden Produktionszweigen abfließen; und dieser Abfluss würde so lange fortdauern, bis das Angebot in der einen Abteilung

Waren kaufen können: Damit haben sie Teil am Mehrwert. Umgekehrt könnte es dem Unternehmen an (z. B. speziell qualifizierten)[088] Arbeitskräften mangeln. Der Unternehmer könnte Arbeitskräfte von anderen Kapitalisten abwerben durch ein höheres Lohnangebot und zumindest einige der Arbeitskräfte am Mehrwert partizipieren lassen.[089] Dazu hat er wie zur Preisreduktion Spielraum. – Es wäre zu vermuten, dass in einer Wirtschaft, die keine andren als die genannten Einflussfaktoren kennt, zu solch einer Situation tendiert, in welcher der Mehrwert völlig verteilt ist und bloß der not-

der Industrie im Verhältnis zu der gewachsenen Nachfrage gestiegen und in den andern Abteilungen entsprechend der verminderten Nachfrage gesunken wäre. Sobald diese Änderung eingetreten, wäre die allgemeine Profitrate in den verschiednen Zweigen wieder ausgeglichen.« Karl Marx, *Lohn, Preis und Profit* (1865), MEW 16, S. 107f.

088 Wobei Marx tendenziell der Auffassung war, der Kapitalismus werde gelernte durch ungelernte Arbeit ersetzen: »Der Unterschied zwischen höherer und einfacher Arbeit, ›skilled‹ und ›unskilled labour‹, beruht zum Teil auf bloßen Illusionen oder wenigstens Unterschieden, die längst aufgehört haben, reell zu sein. [...] Übrigens muss man sich nicht einbilden, dass die sogenannte ›skilled labour‹ einen quantitativ bedeutenden Umfang in der Nationalarbeit einnimmt.« Karl Marx, *Das Kapital I* (1867), MEW 23, S. 212. Man kann nicht sagen, seit der Zeit von Marx habe sich das nun eben geändert, denn wenn es sich geändert hat, hat das eine Auswirkung auf seine Theorie des Mehrwerts. Man kann dagegen sehr wohl fragen, ob die Fetischisierung der »höheren« Arbeit, der Qualifikation, eine im industriellen Fortschritt notwendig gegebene oder eine durch den Klassenkampf von oben erzeugte Tatsache sei. Paul Goodman, *Compulsory Mis-education*, New York 1964. Michael Katz, *The Irony of Early School Reform*, New York 1968. David Nasaw, *Schooled to Order*, New York 1979. Und Stefan Blankertz, *Pädagogik mit beschränkter Haftung: Kritische Schultheorie*, Berlin 2013 (edition g. 105).

089 »Nun wisst ihr ja alle, dass der Durchschnittslohn der amerikanischen Landarbeiter sich auf mehr als das Doppelte von dem der englischen beläuft, obgleich die Preise landwirtschaftlicher Produkte in den Vereinigten Staaten niedriger sind als im Vereinigten Königreich.« Karl Marx, *Lohn, Preis und Profit* (1865), MEW 16, S. 109. Ist es denkbar anzunehmen, der Aufmerksamkeit von Marx sei entgangen, dass die Unterschiedlichkeit der ökonomischen Bedingung die Differenz begründet?

wendige (gerechtfertigte) Unternehmerlohn bleibt.[090] Nur ein äußerer Faktor kann das verhindern: gewaltsame, staatliche Interventionen. Damit kommen wir zur Marx'schen Theorie der »ursprünglichen Akkumulation« und Staatskritik.[091] Aber zunächst zu der Frage, warum die Marx'sche Mehrwerttheorie in einer offensichtlich falschen (und vielleicht von Marx gar nicht so gedachten) Version einen überwältigenden Einfluss gewinnen konnte.

8.

Als Hegelianer folgte Marx der Gleichung, das Vernünftige sei wirklich und das Wirkliche sei vernünftig. Die innere logische (erkenntnistheoretische) Problematik der klassisch liberalen ökonomischen Theorie (namentlich die Formel, Preis sei die Summe der Faktorenkosten, und die Rede vom Äquivalententausch) war für Marx keine Veranlassung, den Irrtum akademisch-erkenntnistheoretisch zu korrigieren, sondern als historisch notwendig und eine Realität ebenso beschreibend wie verschleiernd zu erweisen, als Ideologie,

090 »Nehmen wir nun eine Gesellschaft, in welcher der Reichtum fortschreitet. Dieser Zustand ist der einzige dem Arbeiter günstige. Hier tritt Konkurrenz unter den Kapitalisten ein. Die Nachfrage nach Arbeitern überschreitet ihre Zufuhr.« Karl Marx, *Ökonomisch-philosophische Manuskripte* (1844), MEW 40, S. 473. Wohlgemerkt: Marx hatte zu diesem Zeitpunkt die Mehrwerttheorie noch nicht entwickelt. – Der Satz ist eine Paraphrase von Adam Smith: »»Je mehr *fonds* zur Erhaltung der produktiven Arbeit bestimmt wird, desto größer wird die Nachfrage nach Arbeit: Die Arbeiter finden leicht Beschäftigung, aber die Kapitalisten haben Schwierigkeit, Arbeiter zu finden. Die Konkurrenz der Kapitalisten lässt den Arbeitslohn steigen und die Gewinne fallen.< Smith.« Zit. in: ebd., S. 489. Ein bemerkenswerter Widerspruch zu diesem Smith-Zitat (ebd., S. 475): »In einem Land, welches die letztmögliche Stufe seines Reichtums erreicht hätte, [... wäre ...] die Konkurrenz unter den Arbeitern, um Beschäftigung zu erhalten, so groß, dass die Saläre auf das reduziert wären, was zu der Erhaltung der nämlichen Zahl von Arbeitern hinreicht.«
091 Siehe die 11 andern Thesen: Mit Marx gegen Marx.

sozusagen das Geheimnis ihrer Wirklichkeit (und damit Vernünftigkeit) jenseits der formallogischen Inkonsequenz zu lüften. – Sein in der (Arbeits- und Mehr-) Werttheorie impliziertes Modell ist keine Korrektur, sondern ermöglicht es, mittels der Fehler der klassisch liberalen ökonomischen Theorie sie als Ideologie der bürgerlichen Wissenschaft zu überwinden. Seine Darstellung spickt er mit realen, idealtypischen und fiktiven Beispielen und mit Wertungen über die soziale Realität. Wer seine Texte liest, neigt dazu, das Modell für zutreffend zu halten, wenn er mit den Wertungen übereinstimmt und mit der Empörung über die ungerechten Verhältnisse. Das Modell zu bezweifeln, hieße dann ja so viel wie die Missstände, die damit erklärt werden, gutzuheißen.

9.

Die Theorie der Mehrwertproduktion trifft offenbar zu auf das Sklavenhalterverhältnis: Der Sklavenhalter sichert die blanke Subsistenz seiner Sklaven als Arbeitskräfte und lässt sie sicherlich länger arbeiten als nötig, um ihre eigene Subsistenz zu erwirtschaften. An dem Mehrwert partizipieren sie nicht oder nur marginal. Die Gleichsetzung des Lohnarbeiters mit dem Sklaven leuchtet demjenigen, der, um sich zu reproduzieren, darauf verwiesen ist, jede Arbeitsstelle anzunehmen und Schikanen von Vorgesetzten oder Fabrikbesitzern zu ertragen, genauso unmittelbar ein wie dem Kaufmann, dass der Preis der Waren, die er feilbietet, die Summe der Faktorenkosten sei. Der Kaufmann fühlt sich so wenig frei, den Preis festzusetzen, wie der Lohnsklave, sich eine andere Arbeitsstelle zu suchen, die es gegebenenfalls nicht gibt. Wer aber wähnt, der Staat könne ihm auf billige Weise mehr Freiheit und mehr Wohlstand verschaffen, der verliert beides, das, was er *noch* oder *schon* an Freiheit und an Wohlstand besitzt.

10.

Jene, die mit den moralischen Wertungen von Marx,[092] mit seinen Bannflüchen wider »Profitgier«, Schikanen gegen Arbeiter, Umwandlung von Allem & Jedem in verkäufliche Waren, »Ausbeutung« und Zerstörung der Natur übereinstimmen, sind darauf vorbereitet, auch seinen Erklärungen über die zugrundeliegenden ökonomischen Mechanismen beizupflichten und sie nicht weiter zu hinterfragen – dies um so mehr, je unverständlicher und je geheimnisvoller die Erklärungen klingen. Gegebenenfalls werden Erklärungen von Marx aber solchermaßen umgedeutet, dass sie zur anti-kapitalistischen Mentalität auch passen, wo er sie gar nicht bedient. Die Kennzeichnung des Mehrwerts als arbeitsloses Einkommen des Kapitalisten (und aller von ihm abhängigen Gruppen, dazu zählte Marx auch die Paupers, die Lumpen, die Armen, die heutigen Sozialhilfeempfänger: alles arbeits-scheues Pack),[093] bedient allerdings die anti-kapitalistischen politischen Begehrlichkeiten: Es gäbe bei den Kapitalisten ein gigantisches Reservoir an Geldkapital, das sich anzapfen ließe, ohne gleichzeitig die Reproduktion der produktiven

092 Da ist etwa von »schonungslosestem Vandalismus« oder vom »Trieb der infamsten, schmutzigsten, kleinlichst gehässigsten Leidenschaften« die Rede: Karl Marx, *Das Kapital I* (1867), MEW 23, S. 790. »Das starke moralische Engagement [von Karl Marx hat] die Tendenz, die Wahrheits-prüfung durch Glaubensbereitschaft zu ersetzen.« So Christof Helberger, *Marxismus als Methode*, Frankfurt/M. 1974, S. 43.

093 »Dem Schaffen der Surplusarbeit auf der einen Seite entspricht ein Schaffen von Minus-Arbeit, relativer *idleness* (oder nichtproduktiver Arbeit im besten Fall) auf der andren. Es versteht sich dies erstens vom Kapital von selbst; dann aber auch den Klassen, mit denen es teilt; also von den vom Surplusproduce lebenden Paupers, *flunkeys* [Lakaien], Jenkinses [Speichel-leckern] etc., kurz dem ganzen *train* von *retainers* [Bediensteten]; dem Teil der dienenden Klasse, der nicht von Kapital, sondern von Revenue lebt. Wesentlicher Unterschied dieser dienenden und der arbeitenden Klasse.« Karl Marx, *Grundrisse der Kritik der politischen Ökonomie* (1858), MEW 42, S. 314f.

ökonomischen Struktur zu bedrohen. Steuern und Sozial-
leistungen ließen sich aus diesem Reservoir speisen, ohne
negative Auswirkungen befürchten zu müssen. Das ist zwar
in der Marx eigenen Logik gar nicht richtig, spielt dann aber
besonders für den sozialdemokratischen Reformismus und
die Strategie der gemischten Wirtschaft (Privat und Staat
nebeneinander) eine große Rolle. Dass diese Strategie das
Fundament der ökonomischen Theorie von Marx komplett
aushebelt, bleibt aus dem Sinn. Marx' Versuch, die Dynamik
des Kapitalismus allein aus den Marktverhältnissen zu erklären, folgt der klassisch liberalen ökonomischen Theorie,
stimmt mit seiner eigenen *nicht* überein: Dennoch scheint
es, als würde Marx beweisen, ein freier Markt tendiere zu
sozialen Problemen, Krisen und Massenverelendung. Dies
gebiert die Strategien, den Markt durch Politik zu *ersetzen*
(Staatskapitalismus, -sozialismus, -kommunismus) oder ihn
zu *kontrollieren* (Reformismus, Syndikalismus, Faschismus),
Strategien, die von Marx in gar keiner Weise abgedeckt sind,
sondern als Ideologie zu kennzeichnen wären.

11.

MMgM. — Schließlich wird Marx ganz von seiner Theorie
entfremdet und zur Marke, zur politischen Ware, zu Ideologie, in die nun alles Unbehagen, alles Leiden an bestehenden Zuständen hineinprojiziert werden kann: Marx habe
vorausgesagt ..., Marx habe geahnt ..., schon Marx habe festgestellt ..., schon bewiesen ..., dass der Kapitalismus böse und
krisenanfällig wäre, die Natur ruiniere, das Klima wandle,
»künstliche« Bedürfnisse schüre, durch die Werbung den
Menschen verderbe, den Hunger in der Welt konserviere,
zum Krieg treibe und also von diesem unseren lieben, guten,
den Mächten des bösen Geldes leider hilflos ausgelieferten
Staat in engste Schranken verwiesen werden müsse.

Karl Marx, die 11 staatskritischsten Schriften

1844 *Kritische Randglossen*, MEW 1

1848 *Zwangsanleihe*, MEW 5

1850 *Die Klassenkämpfe in Frankreich 1848-1850*, MEW 7

1852 *Der 18. Brumaire des Louis Bonaparte*, MEW 8

1853 *Lord Palmerston*, MEW 9 & 11

1855 *Lord John Russel*, MEW 11

1856 *Der französische Crédit mobilier*, MEW 12

1858 *Grundrisse d. Kritik der politischen Ökonomie*, MEW 42

1867 *Die ursprüngliche Akkumulation*, MEW 23

1871 *Der Bürgerkrieg in Frankreich*, inkl. *Entwürfe*, MEW 17

1875 *Kritik des Gothaer Programms*, MEW 19

Karl Marx, die 11 etatistischsten Schriften

1843 *Zur Kritik der Hegelschen Rechtsphilosophie*, MEW 1

1844 *Zur Judenfrage*, MEW 1

1844 *Pariser Manuskripte*, MEW 40

1846 *Die deutsche Ideologie*, MEW 3

1847 *Das Elend der Philosophie*, MEW 4

1848 *Das kommunistische Manifest*, MEW 4

1865 *Lohn, Preis und Profit*, MEW 16

1866 *Resultate ...*, (nicht in den MEW enthalten)

1872 *Nationalisierung des Grund und Bodens*, MEW 18

1873 *Ein Komplott*, MEW 18

1875 *Konspekt zu Bakunin*, MEW 18

V.
Mit Marx gegen den Forderungskatalog
des »Kommunistischen Manifests«

1.

Das Inventar der zehn Forderungen im *»Kommunistischen Manifest«* von Karl Marx und Friedrich Engels aus dem Jahr 1848 liest sich heute in den meisten Punkten wie ein gespenstisches Programm der Sozialdemokraten, das bürgerliche Parteien zum großen Teil übernommen haben.[094] Vor allem aber widerspricht es in vielerlei Hinsicht wesentlichen Marx'schen Positionen. – Mir will es scheinen, als gingen die konkreten sozialistischen Forderungen eher auf das Konto des Unternehmersohns Engels als von Marx. So hatte Engels im Jahr zuvor *»Grundsätze des Kommunismus«* skizziert, auf denen das *»Manifest«* basierte, und als Forderung #4 vorgesehen: »Organisation der Arbeit oder Beschäftigung der Proletarier auf den Nationalgütern, Fabriken und Werkstätten, wodurch die Konkurrenz der Arbeiter unter sich beseitigt und die Fabrikanten, solange sie noch bestehen, genötigt werden, denselben erhöhten Lohn zu zahlen wie der Staat.«[095]

Im *»Manifest«* fehlt dann aber dieser Punkt. Warum? Die Antwort findet sich in einem viel späteren Text von Marx, der *»Kritik des Gothaer Programms«* aus dem Jahr 1875.[096] Marx kritisiert dort folgenden Passus, der jener von Engels

---

094 MEW 4, S. 481f.

095 Friedrich Engels, *Die Grundsätze des Kommunismus* (1847), MEW 4, S. 373f. Der Lohn wird also *nicht* durch die Reproduktion bestimmt.

096 Bezugspunkt ist das Gothaer (Partei-) Programm zur Vereinigung der »Sozialdemokratischen Arbeiterpartei« (SDAP) mit dem »Allgemeinen Deutschen Arbeiterverein« (ADAV) Mitte 1875. Die daraus resultierende »Sozialistische Arbeiterpartei Deutschlands« (SAPD) wurde dann 1890 zur »Sozialdemokratischen Partei Deutschlands« (SPD).

gestellten Forderung ähnelt: »Die deutsche Arbeiterpartei verlangt, um die Lösung der sozialen Frage anzubahnen, die Errichtung von Produktivgenossenschaften mit Staatshilfe unter der demokratischen Kontrolle des arbeitenden Volks. Die Produktivgenossenschaften sind für Industrie und Ackerbau in solchem Umfang ins Leben zu rufen, dass aus ihnen die sozialistische Organisation der Gesamtarbeit entsteht.« Hierzu höhnt Max: »An die Stelle des existierenden Klassenkampfs tritt eine Zeitungsschreiberphrase – ›die soziale Frage‹, deren ›Lösung‹ man ›anbahnt‹. Statt aus dem revolutionären Umwandlungsprozesse der Gesellschaft ›entsteht‹ die ›sozialistische Organisation der Gesamtarbeit‹ aus der ›Staatshilfe‹, die der Staat Produktivgenossenschaften gibt, die er, nicht der Arbeiter, ›ins Leben ruft‹. Es ist dies würdig der Einbildung Lassalles,[097a] dass man mit Staatsanleihen ebensogut eine neue Gesellschaft bauen kann wie eine neue Eisenbahn! Aus (einem Rest von) Scham stellt man ›die Staatshilfe‹ – ›unter die demokratische Kontrolle des arbeitenden Volks‹.«[097b]

Demnach hat Marx vermutlich im »*Manifest*« eine besonders etatistische Forderung seines Freundes zwar kassiert, nicht aber im Ganzen den Charakter des »*Manifests*« als eine politische Veränderungsstrategie des Staates auflösen können. Dieser politische Charakter des »*Manifests*« steht allerdings gegen zentrale Gedanken von Marx:

»Je mächtiger der Staat, je politischer daher ein Land, um so

097a Ferdinand Lassalle (1825-1864), sozialistischer deutscher Politiker, Begründer der preußisch-nationalistisch ausgerichteten Sozialdemokratie. Zu Marx und Engels bestand ein gespanntes Verhältnis, das die Geschichte der deutschen Arbeiterbewegung stark prägte.

097b Karl Marx, *Kritik des Gothaer Programms* (1875), MEW 19, S. 26f.

098 Karl Marx, *Kritische Randglossen* (1844), MEW 1, S. 402. – Diese staatskritische Passage steht wohlgemerkt in einem Umfeld, in welchem Marx Hegel vorwirft, den Staat nicht in höchster Vollendung zu vergöttern (*Zur*

weniger ist es geneigt, im Prinzip des Staates [...] den Grund der sozialen Gebrechen zu suchen und ihr allgemeines Prinzip zu begreifen. Der politische Verstand ist eben politischer Verstand, weil er innerhalb der Schranken der Politik denkt. Je geschärfter, je lebendiger, desto unfähiger ist er zur Auffassung sozialer Gebrechen.«[098]

Geschärft wendet Marx 1850 sich gegen politische Strategien »kleinbürgerlicher, doktrinärer Sozialisten«: »Das Kapital hetzt [die Klasse der Kleinbürger] als Gläubiger, sie verlangt Kreditinstitute; es ekrasiert [zermalmt] sie durch die Konkurrenz, sie verlangt Assoziationen vom Staate unterstützt; es überwältigt sie durch die Konzentration, sie verlangt Progressivsteuern, Erbschaftsbeschränkungen, Übernahme der großen Arbeiten durch den Staat und andere Maßregeln, die das Wachstum des Kapitals gewaltsam aufhalten.«[099] Die hier aufgezählten politischen Forderungen des kleinbürgerlichen Sozialismus sind z. T. genau die Forderungen aus dem Katalog des »*Manifests*«, das Marx bloße zwei Jahre früher mit Engels verfasst hatte.

Das widersprüchliche Programm des Etatismus realisierte sich in der Regierung durch Napoleon III:[100] »Industrie und Handel, also die Geschäfte der Mittelklasse, sollen unter der starken Regierung treibhausmäßig aufblühn. Verleihen einer Unzahl von Eisenbahnkonzessionen. Aber das bonapartistische Lumpenproletariat soll sich bereichern. Tripotage[101] mit den Eisenbahnkonzessionen auf der Börse von

---

Kritik der Hegelschen Rechtsphilosophie [1843], MEW 1, S. 320) oder barmt »In Deutschland, wo kein politischer Staat, kein Staat als Staat existiert, [...].« Karl Marx, *Zur Judenfrage* (1844), MEW 1, S. 351.

099 Karl Marx, *Die Klassenkämpfe in Frankreich* (1850), MEW 7, S. 89.

100 Napoleon III (1808-1873), Louis Bonaparte, 1848 bis 1852 Präsident der zweiten französischen Republik, von 1852 bis 1873 durch Staatsstreich am 2. Dezember 1852 Kaiser.

101 Manipulationen.

den vorher Eingeweihten. Aber es zeigt sich kein Kapital für die Eisenbahnen. Verpflichtung der Bank, auf Eisenbahnaktien vorzuschießen. Aber die Bank soll zugleich persönlich exploitiert und daher kajoliert werden.[102] Entbindung der Bank von der Pflicht, ihren Bericht wöchentlich zu veröffentlichen. Leoninischer Vertrag[103] der Bank mit der Regierung. Das Volk soll beschäftigt werden. Anordnungen von Staatsbauten. Aber die Staatsbauten erhöhen die Steuerpflichten des Volkes. Also Herabsetzung der Steuern durch Angriff auf die Rentiers, durch Konvertierung der fünfprozentigen Renten in viereinhalbprozentige. Aber der Mittelstand muss wieder ein *douceur*[104] erhalten. Also Verdoppelung der Weinsteuer für das Volk, das ihn *en detail* kauft, und Herabsetzung um die Hälfte für den Mittelstand, der ihn *en gros* trinkt.[105] Auflösung der wirklichen Arbeiterassoziationen, aber Verheißung von zukünftigen Assoziationswundern. Den Bauern soll geholfen werden. Hypothekenbanken, die ihre Verschuldung und die Konzentration des Eigentums beschleunigen. Aber diese Banken sollen benutzt werden, um Geld aus den konfiszierten Gütern des Hauses Orleans herauszuschlagen. Kein Kapitalist will sich zu dieser Bedingung verstehn, die nicht in dem Dekrete steht, und die Hypothekenbank bleibt ein bloßes Dekret usw. usw.«[106]

102 Die Bank soll zugleich persönlich ausgebeutet und daher begünstigt werden.
103 Alle Gesellschafter tragen das Risiko, nur einer erhält den Gewinn.
104 Zückerchen.
105 Wortspiel: »*droit de circulation*« Versandsteuer auf Wein (ab 25 l), »*droit de détail*« Verbrauchs- und Schanksteuer (unter 25 l).
106 K. Marx, *Der achtzehnte Brumaire des Louis Bonaparte* (1852), MEW 8, S. 205. Der Titel ist eine Anspielung auf die Machtübernahme von Napoleon I 1799. Marx analysiert das populistisch-etatistische Programm, eine Bauernfängerei, in der Steuersenkungen und Staatsabbau als Köder dienen, während massivster Staatsausbau mit nachfolgenden Steuererhöhungen realisiert werden. Im Keim enthält diese Strategie, etatistische Krisen mit

#1. Expropriation des Grundeigentums
und Verwendung der Grundrente zu Staatsausgaben.
#3. Abschaffung des Erbrechts.

An keiner Stelle des sozialen Lebens prallt die Fiktion der liberalen Ökonomie so hart auf die Realität wie in Punkto Grundeigentum. Eigentum generell entsteht rechtlich gesehen durch Akklamation, also Festschreibung eines *status quo* der gewaltsamen Aneignung mittels des Staatsapparats. Namentlich geschieht dies im römischen positiven Recht, das, selbstredend, auch das Eigentum an Personen erlaubt, an Sklaven, genauso wie es später das Recht der Vereinigten Staaten von Amerika tun sollte. Voller Hohn verweist Marx auf »Herbert Spencers Werk ›*Social Statics*‹, London 1851 [...], das [...] vorgibt, eine vollständige Widerlegung des Kommunismus zu sein [...]: ›Niemand darf das Land in solcher Weise nutzen, dass er die übrigen daran hindert, es ebenso zu nutzen.‹«[107] Das mittelalterliche Recht ist nicht wie das römische ein positives, sondern ein naturrechtliches. Dennoch schreibt auch dies den *status quo* grundherrlicher Aufteilung des Landes fest.[108] Das grundherrliche Vorrecht des Feudalismus wird in der Übergangszeit zum modernen Staat in Grundeigentum überführt.[109] Die Grundeigentümer

Etatismus im Gewand populistischer Bürokratiekritik zu bekämpfen + den Markt abzuschaffen, ohne das Eigentum formell anzugreifen, den ganzen Faschismus. Marx nennt es »kaiserlichen« oder »feudalen Sozialismus« (Karl Marx, *Der französische Crédit mobilier* [1856], MEW 12:, S. 24 resp. 34), ich »Sozialismus der Eigentümer«: Stefan Blankertz, *Die Katastrophe der Befreiung: Faschismus und Demokratie*, Berlin 2013 (edition g. 107), S. 108f, 114, 139, 270.

107 Karl Marx, *Die indische Frage – Das irische Pachtrecht* (1853), MEW 9, S. 162.

108 »Ohne hier alle Argumente diskutieren zu wollen, die von den Verteidigern des Privateigentums an Grund und Boden – Juristen, Philosophen und politischen Ökonomen – vorgebracht werden, werden wir zunächst

und die aufkommenden Finanz- und Industriekapitalisten liegen von nun an in unerbittlichen Auseinandersetzungen, dennoch bildet das Grundeigentum, wenn es kapitalisiert wurde, oft den Stock für die Kapitalbildung. Die Forderung nach einer Enteignung der Grundeigentümer ist demnach durchaus ein liberales Anliegen.

Erbfolge sichert zwar das System feudaler Macht,[110] und in gewissem Umfang besteht dies fort im industriellen Zeitalter, ist aber, wie Marx später sagen wird, nicht die Ursache für die Machtverhältnisse.[111] Deshalb verwirft er dann den Ansatzpunkt, Gerechtigkeit über die Abschaffung des Erbrechts herstellen zu wollen.

Logisch gesehen ist klar, dass das, was rechtmäßig besessen wird, auch vererbt werden kann; was dagegen unrechtmäßig besessen wird, dürfte nicht nur nicht rechtmäßig vererbt,

nur feststellen, dass sie das ursprüngliche Faktum der Eroberung unter dem Mantel des ›Naturrechts‹ verbergen. Wenn die Eroberung ein Naturrecht der wenigen schuf, dann brauchen die vielen nur genügend Kraft zu sammeln, um das Naturrecht auf Rückeroberung dessen zu erlangen, was ihnen genommen worden ist. Im Verlauf der Geschichte versuchen die Eroberer vermittels der von ihnen selbst erlassenen Gesetze, ihrem ursprünglich der Gewalt entstammenden Besitzrecht eine gewisse gesellschaftliche Bestätigung zu geben. Zum Schluss [?] kommt der Philosoph und erklärt, diese Gesetze besäßen die allgemeine Zustimmung der Gesellschaft. Gründete sich das Privateigentum an Grund und Boden tatsächlich auf solch eine allgemeine Zustimmung, so wäre es offensichtlich in dem Augenblick aufgehoben, wo es von der Mehrheit einer Gesellschaft nicht mehr anerkannt wird.« Karl Marx, *Über die Nationalisierung des Grund und Bodens* (1872), MEW 18, S. 59.

109 »Die grundherrlichen Vorrechte der mittelalterlichen Feudalherren, Städte und Geistlichkeit wurden in Attribute einer einheitlichen Staatsgewalt verwandelt, die die feudalen Würdenträger durch bezahlte Staatsbeamte ersetzte und die Waffen von den mittelalterlichen Gefolgsleuten der Grundbesitzer und den Korporationen der Städtebürger an ein stehendes Heer übertrug.« Karl Marx, *Erster Entwurf zum »Bürgerkrieg in Frankreich«* (1871), MEW 17, S. 539.

110 Sie sichert es allerdings unter einer für die liberale Ökonomie des Eigentums zumindest fragwürdigen Einschränkung – nämlich dass aus-

sondern eben nicht einmal besessen werden. Soziologisch gesehen ist klar: Aufhebung des Erbrechts bedeutet, dass der Staat mit jeder Generation anwächst, bis er alles Kapital und alles Land unter Kontrolle hat.

Mit »Enteignung« kann auf diesem Hintergrund nicht die Enteignung der Bauern gemeint sein, also die Enteignung von denjenigen, die den Boden nutzen. Ausdrücklich warnt Marx davor, die Bauern mit der Drohung von Enteignung zu verschrecken.[112] Die angeblich drohende »Abschaffung des ›Eigentums‹« sei ein Popanz der Verteidiger des *status quo*, »denn in ihren Augen ist die gegenwärtige klassenbedingte Form des Eigentums – eine historisch vorübergehende Form – das Eigentum schlechthin, und die Abschaffung dieser Form daher die Abschaffung des Eigentums.«[113] »Dass aber von keiner Produktion, also [!] auch von keiner Gesellschaft

schließlich der älteste männliche Nachkomme das Land erbe (Majorat). »Das Majorat ist nicht, wie Hegel sagt, ›eine Fessel, die der Freiheit des Privatrechts angelegt ist‹, es ist vielmehr die ›Freiheit des Privatrechts, die sich von allen sozialen und sittlichen Fesseln befreit hat‹.« K. Marx, *Kritik des Hegelschen Staatsrechts* (1843), MEW 1, S. 305.

111 »Das Recht der Erbschaft ist nur insofern von sozialer Wichtigkeit als es dem Erben die Macht, welche der Verstorbene während seiner Lebenszeit ausübte, hinterlässt, nämlich die Macht, vermittelst seines Eigentums die Früchte fremder Arbeit auf sich zu übertragen, denn das Land gibt dem lebenden Eigentümer die Macht, unter dem Titel von Grundrente die Früchte der Arbeit anderer auf sich zu übertragen, ohne einen Gleichwert zu geben; das Kapital gibt ihm die Macht, dasselbe zu tun unter dem Titel von Zins und Profit; das Eigentum in Staatspapieren gibt ihm die Macht, ohne selbst zu arbeiten, von den Früchten der Arbeit anderer leben zu können usw. Die Erbschaft erzeugt nicht diese Macht der Übertragung der Früchte: der Arbeit des einen in die Tasche des andern, sie bezieht sich nur auf den Wechsel der Personen, welche jene Macht ausüben.« Karl Marx, *Bericht des Generalrats [der Internationalen Arbeiterassoziation] über das Erbrecht* (1869), MEW 16, S. 367.

112 »[Das Proletariat] darf aber nicht den Bauer vor den Kopf stoßen, indem es z. B. die Abschaffung des Erbrechts proklamiert oder die Abschaffung seines Eigentums.« Karl Marx, *Konspekt von Bakunins »Staatlichkeit und Anarchie«* (1875), MEW 18, S. 633.

die Rede sein kann, wo keine Form des Eigentums existiert, ist eine Tautologie. Eine Aneignung, die sich nichts zu eigen macht, ist eine *contradictio in subjecto.*«[114]

Revolutionär sei dagegen, dem Bauern »die Umgestaltung seiner gegenwärtigen ökonomischen Bedingungen [zuzu-] sichern, ihn einerseits vor der Expropriation [sic] durch den Grundbesitzer [zu] bewahren und ihn andererseits aus der Bedrückung, Mühe und dem Elend, zu dem er unter dem Schein des angeblichen [sic] Eigentums verurteilt ist, [zu] retten« und »sein nominelles Eigentum an dem Boden in wirkliches [sic] Eigentum an den Früchten seiner Arbeit [zu] verwandeln« und »die Vorteile der modernen Agronomie, die von gesellschaftlichen Bedürfnissen diktiert werden und ihn jetzt täglich wie ein Feind bedrohen, mit der Erhaltung seiner Stellung als wirklich unabhängiger Produzent [zu] verbinden«.[115] Ganz ähnlich sehen prominente Gegner des Marxismus (auf Herbert Spencer hat Marx selbst schon hingewiesen) es auch:

Michael Bakunin: »Die Reichen sind heute nur deshalb so einflussreich, weil ihnen alle Beamten des Staates huldigen

---

113 Karl Marx, *Erster Entwurf zum »Bürgerkrieg in Frankreich«* (1871), MEW 17, S. 562.

114 Karl Marx, *Die Einleitung zur Kritik der politischen Ökonomie* (1857), MEW 13, S. 619. Zu »*contradictio in subjecto*« vgl. Anm. 067b, S. 32.

115 Karl Marx, *Erster Entwurf zum »Bürgerkrieg in Frankreich«* (1871), MEW 17, S. 552.

116 Michael Bakunin, *Das »knuto-germanische« Kaiserreich* (1871), in: Michael Bakunin, *Staatlichkeit und Anarchie und andere Schriften*, Frankfurt/M. 1972, S. 249. Michael Bakunin (1814-1876), russischer Anarchist. Gegen Bakunin betonte Marx stets, nicht der Staat sei die Bedingung der Möglichkeit von Klassen, sondern die freie Handlung, der Kapitalismus, die Anarchie; & darum »Diktatur des Proletariats« (nicht »Volksstaat«, das sei »Lasallsche Eselei«) notwendig, »solange die andren Klassen, speziell die kapitalistische noch existiert, solange das Proletariat mit ihr kämpft (denn mit seiner Regierungsmacht sind seine Feinde und ist die alte Organisation der Gesellschaft noch nicht verschwunden)« – »das«

und weil sie gerade vom Staat beschützt werden. Sobald diese Stütze ihnen fehlt, wird ihre Macht verschwinden.«[116]
Franz Oppenheimer: »Der Staatsinhalt [ist] die *ökonomische* Ausbeutung, das *politische* Mittel der Bedürfnisbefriedigung. Der Bauer gibt einen Teil seines Arbeitserzeugnisses hin, ohne äquivalente Gegenleistung. ›Im Anfang war die Grundrente.‹«[117]
Ludwig von Mises: »Großgrundeigentum und Latifundienbesitz sind nirgends und niemals aus dem freien Verkehr hervorgegangen. Sie sind das Ergebnis militärischer und politischer Bestrebungen. Durch Gewalt begründet, konnten sie auch stets nur durch Gewalt aufrechterhalten werden. Sowie die Latifundien in den Tauschverkehr des Marktes einbezogen werden, fangen sie an abzubröckeln, bis sie sich schließlich ganz auflösen. Wirtschaftliche Gründe haben weder bei ihrer Entstehung noch bei ihrer Erhaltung mitgespielt.[118] Die großen Latifundienvermögen sind nicht aus der wirtschaftlichen Überlegenheit des Großbesitzes entstanden, sondern durch gewaltsame Aneignung außerhalb des Tauschverkehrs.«[119]

Proletariat müsse »gewaltsame Mittel anwenden, daher Regierungsmittel; ist es selbst noch Klasse, und sind die ökonomischen Bedingungen, worauf der Klassenkampf beruht und die Existenz der Klassen, noch nicht verschwunden und müssen gewaltsam aus dem Weg geräumt oder umgewandelt werden, ihr Umwandlungsprozess gewaltsam beschleunigt werden«. Karl Marx, *Konspekt von M. Bakunins »Staatlichkeit und Anarchie«* (1875), MEW 18, S. 630. Man muss hierin Marx nicht folgen. Doch ist es genau der Aspekt, der im Marxismus wirkmächtig geworden ist.
117 Franz Oppenheimer, *Der Staat* (1907), Berlin 1990, S. 46. – Franz Oppenheimer (1864-1943), deutsch-jüdischer Soziologe; bezeichnete sich als »liberalen Sozialisten«. Er begründete die Theorie, der Staat sei durch Eroberung entstanden.
118 Besser müsste es heißen: Gründe der Wirtschaftlichkeit haben weder bei ihrer Entstehung noch bei ihrer Erhaltung mitgespielt. Denn das Ausbeutungsinteresse, das bei ihrer Entstehung »mitgespielt« hat, ist ein wirtschaftliches Interesse.

3.

#2. Starke Progressivsteuer.

Was es mit den Steuern auf sich hat, das wusste Marx: »Die Steuer ist die Lebensquelle der Bürokratie, der Armee, der Pfaffen und des Hofes, kurz, des ganzen Apparats der Exekutivgewalt. Starke Regierung und starke Steuer sind identisch.«[120] Das klingt nicht nach Zustimmung, weder zu den Steuern noch zur starken Regierung. In der Tat nicht: »[Die Regierung] entwickelte [...] sich jetzt zu einem Treibhaus für kolossale Staatsschulden und erdrückende Steuern und wurde vermöge unwiderstehlicher Anziehungskraft ihrer Amtsgewalt, ihrer Einkünfte und ihrer Stellenvergebung der Zankapfel für die konkurrierenden Fraktionen und Abenteurer der herrschenden Klassen.«[121]

Marx wusste, dass die Steuern auf den Lohn fallen. »Um den wirklich niedrigsten *level* des Minimums [an Arbeitslohn] herbeizuführen, [trägt bei] [...] das Wachstum der Steuern und die größere Kostspieligkeit des Staatshaushalts, [...]. Das Wachstum der Steuern, um dies nebenbei zu bemerken, wird zum Ruin [!] der kleinen Bauern, Bürger und Handwerker.«[122] Die Tendenz des Staats besteht darin, Steuern zu verstecken und undurchsichtig zu machen: »Die Regierung, die bei der Erhebung der Schlacht- und Mahlsteuer täglich mit dem Proletariat direkt in Berührung kommt, [tritt] ihm gehässigerweise gegenüber; die Regierung steht bei der Ein-

---

119 Ludwig v. Mises, *Die Gemeinwirtschaft* (1932), München 1981, S. 344. »Gesetzgebung [hält] das Grundeigentum in großen Massen zusammen«, Wilhelm Schulz (1797-1860), Demokrat, Teilnehmer der Revolution von 1848, zitiert n. Karl Marx, *Ökonomisch-philosophische Manuskripte* (1844), MEW 40, S. 591.

120 K. Marx, *Der achtzehnte Brumaire des Louis Bonaparte* (1852), MEW 8, S. 202.

121 Karl Marx, *Der Bürgerkrieg in Frankreich* (1871), MEW 17, S. 336.

122 Karl Marx, *Aus dem handschriftlichen Nachlass* (1847), MEW 6, S. 544. Nicht verschwiegen sei, dass dies nur der zweite Punkt von zweien ist. Der

kommensteuer im Hintergrunde und zwingt die Bourgeoisie, die gehässige Tätigkeit des Lohndrückens ganz zu übernehmen.«[123] Dass Reiche zugunsten der Armen besteuert werden, bleibt nur Ideologie: »Die provisorische Regierung schrieb eine Zusatzsteuer von 45 Centimes pro Franc auf die vier direkten Steuern aus. Dem Pariser Proletariat schwindelte die Regierungspresse vor, diese Steuer falle vorzugsweise auf das große Grundeigentum [...]. In der Wirklichkeit traf sie aber vor allem die Bauernklasse, d.h. die große Majorität des französischen Volkes. [Die Bauern] mussten die Kosten der Februarrevolution zahlen, an ihnen gewann die Konterrevolution ihr Hauptmaterial. Die 45-Centimes-Steuer, das war eine Lebensfrage für den französischen Bauer, er machte sie zur Lebensfrage für die Republik. Die Republik für den französischen Bauer, das war von diesem Augenblicke an die 45-Centimes-Steuer, und in dem Pariser Proletariat erblickte er den Verschwender, der sich auf seine Kosten gemütlich tat.«[124]

Ein durchsichtiges Steuersystem ist vorzuziehen, weil es zur Kontrolle und Begrenzung des Staates anregt: »Wenn man [...] zwischen zwei Steuersystemen zu wählen hat, empfehlen wir die völlige Abschaffung der indirekten Steuern und ihre allgemeine Ersetzung durch direkte Steuern; [...] weil indirekte Steuern dem einzelnen verbergen, was er dem Staat zahlt, während eine direkte Steuer unverhüllt und einfach ist

---

erste besagt: »Entwicklung der Produktionsmaschinerie, Teilung der Arbeit, Konkurrenz der Arbeiter untereinander«; der zweite Punkt wird mit »nicht nur 1. ..., sondern auch 2. ...« angeschlossen. Er ist für Marx offenbar wichtig. – »Konkurrenz der Arbeiter« ist ein bemerkenswerter Punkt für den, der meint, Marx hätte den Wert aus der Arbeit und den Lohn aus dem Preis der zur Reproduktion nötigen Lebensmittel konstruiert.

123 Karl Marx, *Der Kommunismus des »Rheinischen Beobachters«* (1847), MEW 4, S. 195.
124 Karl Marx, *Die Klassenkämpfe in Frankreich von 1848 bis 1850* (1850), MEW 7, S. 25.

und auch vom Ungebildetsten verstanden werden kann. Die direkte Steuer regt deshalb jeden [!] dazu an, die Regierung zu kontrollieren, während die indirekte Steuer jede Tendenz zur Selbstverwaltung zerstört.«[125]
Als revolutionäres Instrument sind Steuern dagegen ungeeignet: »[Die bürgerlichen Reformisten muten uns zu,] die Einkommensteuer als die Maßregel anzunehmen, die alle Widersprüche lösen, alle Unmöglichkeiten möglich machen, die die Solidarität von allen Gesellschaftsgliedern herstellen soll.«[126] In der Revolution von 1848 analysierte Marx, wie der Staat über die Steuern die Spaltung der Opposition erreichen will: »Köln, 21. November [1848]. Das Ministerium [...] hat den Befehl ergehen lassen, die Steuern durch gewaltsame Maßregeln einzutreiben. [...] [Es] empfiehlt Zwangsmittel gegen die Weigernden und Milde gegen die Unvermögenden. Es stellt also zwei Kategorien von Nichtzahlenden auf: die einen, die nicht zahlen, um dem Willen der Nationalversammlung nachzukommen, und die andern, die nicht zahlen, weil sie nicht zahlen können. Die Absicht des Ministeriums ist nur zu klar. Es will die Demokraten teilen; es will die Bauern und Arbeiter veranlassen, sich zu den Nichtzahlenden aus Unvermögen zu zählen, um sie loszutrennen von den Nichtzahlenden aus Gesetzlichkeit und dadurch die letztern des Beistandes der erstern zu berauben. Aber dieser Plan wird scheitern; das Volk sieht ein, dass es

125 K. Marx, *Instruktionen für die Delegierten [der Internationalen Arbeiterassoziation]* (1866), MEW 16, S. 198.
126 Karl Marx, *Der Kommunismus des »Rheinischen Beobachters«* (1847), MEW 4, S. 199. Der Gedanke geht weiter und hört sich an wie der heutigen Zeit entnommen: »Wir verweisen auf [... die ...] Denkschrift über die Einkommensteuer, die dem Landtag vorgelegt wurde. In dieser Denkschrift war bereits für den letzten Groschen [!] des Ertrags der Einkommensteuer Verwendung gefunden. Die bedrängte Regierung hatte keinen Heller übrig zur Ausgleichung der allgemeinen Fluktuationen im einzelnen, zur Erfüllung der solidarischen Verpflichtungen der Gesellschaft. Und wenn statt

solidarisch verantwortlich ist für die Weigerung der Steuern, so wie es früher solidarisch verantwortlich war für ihre Eintreibung. Der Kampf wird entschieden werden zwischen der zahlenden Gewalt und der bezahlten Gewalt.«[127] Senkung der Steuern und Reduzierung des Staatsapparates sind vielmehr die revolutionären Ziele: »Die Ordnungspartei wird [dem Bauern] den Steuereinnehmer [sic] für die Aushaltung einer parasitären [sic] und kostspieligen Staatsmaschine aufzwingen, die Kommune wird ihm eine wohlfeile Regierung geben.«[128] Denn die Kommune »beginnt die Befreiung der Arbeit – ihr großes Ziel –, indem sie einerseits die unproduktive und schädliche [sic] Tätigkeit der Staatsparasiten abschafft, die Ursachen beseitigt, denen ein riesiger Anteil des Nationalprodukts für die Sättigung des Staatsungeheuers zum Opfer gebracht wird.«[129]

Ja, Abbau des Staates ist revolutionär ... »Das Volk brauchte nur [... eine Miliz ...] zu organisieren, um mit dem stehenden Heere Schluss zu machen; das ist die erste [sic] ökonomische *conditio sine qua non* für alle sozialen Verbesserungen, um diese Quelle von Steuern und Staatsschulden und diese ständige Gefahr der Regierungsusurpation durch die Klassenherrschaft – der regulären Klassenherrschaft oder der eines Abenteurers, der vorgibt, alle Klassen zu retten – sofort zu beseitigen. Das ist gleichzeitig die sicherste Garantie gegen äußere Aggression, die faktisch den kostspieligen Militär-

zehn Millionen nur zehn Einzelne durch die Natur der Verhältnisse an [... den Staat ...] gewiesen worden wären, [... er ...] hätte die zehn abweisen müssen.« Dass staatliche Mehreinnahmen immer geringer ausfallen als die Nachfrage; wer hätte diese Einsicht gerade von Marx erwartet?

127 Karl Marx, *Über die Proklamation des Ministeriums Brandenburg-Manteuffel in betreff der Steuerverweigerung* (1848), MEW 6, S. 39.
128 Karl Marx, *Erster Entwurf zum »Bürgerkrieg in Frankreich«* (1871), MEW 17, S. 549f. Zwischen diesem und dem vorherigen Zitat liegen fast 25 Jahre. Man kann sie nicht als anti-etatistische Ausrutscher abtun.
129 Ebd., S. 546.

apparat in allen andern Staaten unmöglich [un*nötig*?] macht; das ist die Emanzipation des Bauern von der Blutsteuer und davon, die ergiebigste Quelle für alle staatliche Besteuerung und Staatsschulden zu sein.«[130]

... und nicht, sich Fantasien über Steuererhöhungen hinzugeben, und sei dies in der Form von Progressivsteuern. 1872 etwa regt Marx sich darüber auf, es sei der »Internationalen Arbeiterassoziation« von einem ihrer bürgerlichen Gegner als »Krone« der Forderungen »unterstellt« worden, »dass die gesamten Einkünfte des Landes durch eine gestaffelte Eigentumssteuer aufgebracht werden sollten«: »Es ist gar zu arg«, ruft Marx aus, die Forderungen der »bürgerlichen Finanzreformatoren zu der ›Krone‹ der Internationale zu machen!«[131]

Mit den heuchlerischen Versprechungen nach Abschaffung der Steuern gelingt es erfolgreich, der Konterrevolution den populistischen Anstrich zu geben: »Man erinnert sich, dass Louis Bonaparte für die Bauern bedeutete: *Keine Steuern mehr!* Sechs Tage saß er auf dem Präsidentenstuhl, und am siebenten Tage, am 27. Dezember, schlug sein Ministerium die Beibehaltung der Salzsteuer vor, deren Abschaffung die provisorische Regierung dekretiert hatte.«[132]

Auch Friedrich Engels wusste abseits von dem politischen Tagesgeschäft um Ursprung und Bedeutung der Steuern als ein Instrument der Enteignung und des Aufbaus des unterdrückerischen Staatsapparats: »Der römische Staat war eine riesige, komplizierte Maschine geworden, ausschließlich zur Aussaugung der Untertanen. Steuern, Staatsfronden und Lieferungen aller Art drückten die Masse der Bevölkerung

---

130 K. Marx, *Bürgerkrieg in Frankreich, Entwurf* (1871), MEW 17, S. 543f.
131 K. Marx, *Erklärung des Generalrats der IAA* (1872), MEW 18, S. 70. »Steuern sind die wirtschaftliche Grundlage der Regierungsmaschinerie und von sonst nichts.« *Kritik des Gothaer...* (1875), MEW 19, S. 30.

in immer tiefere Armut; bis zur Unerträglichkeit wurde der Druck gesteigert durch die Erpressungen der Statthalter, Steuereintreiber, Soldaten. [...] Je mehr das Reich verfiel, desto höher stiegen Steuern und Leistungen, desto schamloser raubten und erpressten die Beamten. [...] Um diese öffentliche Macht aufrechtzuerhalten, sind Beiträge der Staatsbürger nötig – die Steuern. Diese waren der Gentilgesellschaft vollständig unbekannt. Wir aber wissen heute genug davon zu erzählen. Mit der fortschreitenden Zivilisation reichen auch sie nicht mehr; der Staat zieht Wechsel auf die Zukunft, macht Anleihen, Staatsschulden. Auch davon weiß das alte Europa ein Liedchen zu singen. Im Besitz der öffentlichen Gewalt und des Rechts der Steuereintreibung, stehn die Beamten nun da als Organe der Gesellschaft über der Gesellschaft. Die freie, willige Achtung, die den Organen der Gentilverfassung gezollt wurde, genügt ihnen nicht, selbst wenn sie sie haben könnten; Träger einer der Gesellschaft entfremdenden Macht, müssen sie in Respekt gesetzt werden durch Ausnahmsgesetze [sic], kraft deren sie einer besondren Heiligkeit und Unverletzlichkeit genießen. Der lumpigste Polizeidiener des zivilisierten Staats hat mehr Autorität als alle Organe der Gentilgesellschaft zusammengenommen; aber der mächtigste [sic] Fürst und der größte Staatsmann oder Feldherr der Zivilisation [sic] kann den geringsten Gentilvorsteher beneiden um die unerzwungne und unbestrittene Achtung, die ihm gezollt wird.«[133]
Die so bezeichneten repressiven Steuern sollen nun zu einem revolutionären Instrument werden? Was für eine schlimme »Dialektik«! ... : »In der Revolution kann die zu kolossalen

---

132 K. Marx, *Die Klassenkämpfe in Frankreich 1848-1850* (1850), MEW 7, S. 48.
133 Friedrich Engels, *Der Ursprung der Familie, des Privateigentums und des Staats* (1884), MEW 21, S. 143 resp. 166.

Proportionen geschwellte Steuer als eine Form des Angriffs gegen das Privateigentum dienen.«[134]

Eine Stelle bei Marx, die mich ratlos lässt, will ich hier nicht verschweigen: »In Zeiten, wo der politische Staat als politischer Staat gewaltsam aus der bürgerlichen Gesellschaft heraus geboren wird, wo die menschliche Selbstbefreiung unter der Form der politischen Selbstbefreiung sich zu vollziehen strebt, kann und muss der Staat bis zur Aufhebung der Religion, bis zur Vernichtung der Religion fortgehen, aber nur so, wie er zur Aufhebung des Privateigentums, zum Maximum, zur Konfiskation, zur progressiven Steuer, wie er zur Aufhebung des Lebens, zur Guillotine fortgeht.«[135] Frage: Ist das tatsächlich als zynische Zustimmung zu lesen, sowohl zur Steuer als auch zur Guillotine, zum ›Vaporisieren‹, oder nicht vielmehr als Ablehnung, Ablehnung der Funktionen des Staates, der Steuererhebung und der Gewalt?

4.

#4. Konfiskation des Eigentums aller Emigranten und Rebellen.

Das ist eine merkwürdige Forderung für Rebellen & spätere Emigranten. Immerhin: Anderes Eigentum bleibt – bis auf den Großgrundbesitz, vgl. die Forderung #1 – offenbar unangetastet. Vielleicht handelt es sich hier aber nicht um eine Forderung an »den« Staat, sondern um eine Maßnahme der Omnipotenzfantasie, die sich schon im revolutionären Besitz der Macht wähnt. Engels drohte später ganz realistisch:

134 Karl Marx, *Rezensionen* (1850), MEW 7, S. 286. Aber: Steuern können die Bourgeoisie nicht vernichten, weil sie »den Zweck haben«, jener »die Mittel zu verschaffen, sich als herrschende Klasse zu behaupten.« *Das Elend der Philosophie* (1847), MEW 4, S. 164. »Abschaffung [von] Steuern ändert absolut nichts.« *Das Kapital I* (1867), MEW 23, S. 587. Abschaffung von repressiven Steuern ändert nichts, Einführung derselben befreit? *Magie!*
135 Karl Marx, *Zur Judenfrage* (1844), MEW 1, S. 357.
136 Friedrich Engels, *Von der Autorität* (1873), MEW 18, S. 308.

»Revolution ist gewiss das autoritärste Ding, das es gibt; sie ist der Akt, durch den ein Teil der Bevölkerung dem anderen Teil seinen Willen vermittels Gewehren, Bajonetten und Kanonen, also mit denkbar autoritärsten Mitteln aufzwingt; und die siegreiche Partei muss, wenn sie nicht umsonst gekämpft haben will, dieser Herrschaft [!] Dauer verleihen durch den Schrecken [!], den ihre Waffen den Reaktionären einflößen.«[136] Ist das eine *attraktive* Perspektive?

5.

Exkurs. — Walter Benjamin mischt seine *»Kritik der Gewalt«*[137] in eigenunartiger Weise aus Marxismus, jüdischem Messianismus und Wiederbelebung griechischer Mythen.

Es geht ihm ausdrücklich nur um solche Gewalt, die »in sittliche Verhältnisse« eingreife.[138] Benjamin unterscheidet: Gewalt als Mittel sei zulässig, um »gerechte Ziele« durchzusetzen. Diese Position nennt er »Naturrecht«.[139] Oder Gewalt sei zulässig, sofern sie auf eine formal festgelegte Weise angewandt werde. Diese Position nennt er »positives Recht«.[140] Das positive Recht etabliere durch Gewalt eine Rechtsordnung: Das sei die rechtsetzende Gewalt. Oder es schütze durch Gewalt eine bestehende Rechtsordnung: Das sei die rechtserhaltende Gewalt.

Für eine Kritik der Gewalt kämen diese Positionen und Anwendungen nicht in Betracht, denn in ihnen sei Gewalt ein Mittel, nicht also selbst Gegenstand der Betrachtung und

---

137 Walter Benjamin, *Zur Kritik der Gewalt* (1921), Frankfurt/M. 1965.
138 Ebd., S. 29.
139 Ebd., S. 30. »Das Naturrecht [...] sieht in der Anwendung gewaltsamer Mittel zu gerechten Zwecken so wenig ein Problem, wie der Mensch eines im ›Recht‹, seinen Körper auf das erstrebte Ziel hinzubewegen.«
140 Ebd., S. 32. »Denn wenn das positive Recht blind ist für die Unbedingtheit der Zwecke, so das Naturrecht für die Bedingtheit der Mittel.« Naturrechtler werden davon sich nicht getroffen fühlen.

möglichen Kritik. Schließlich gelangt Walter Benjamin zu
dem Ergebnis, dass eine Kritik an der Gewalt aufrufe, eine
nicht-gewaltsame Regelung von Konflikten zu entdecken.[141]
Andererseits hat er – *en passant* – eine jede rechtsetzende
oder rechtschützende Gewalt ablehnende »anarchistische«
Haltung als »kindisch« gekennzeichnet.[142]
An Benjamins kreißendem, kein (ihn selbst) überzeugendes
Ergebnis gebärendem Argumentieren[143] können wir heute
die Leistung von Murray Rothbards »*Ethics of Liberty*« er-
sehen,[144] wenn wir sie aus dem Kontext des von Rothbard
selbst gesetzten Begründungszusammenhangs lösen: Rothbard selbst verortet seine Argumentation klarerweise in der
naturrechtlichen Linie. Darüber wird oft übersehen, welch
bahnbrechende Modifikation er vorgenommen hat: Keineswegs alle »gerechten« bzw. »natürlichen Ziele« sieht er als

141 Ebd. S. 45: »..., ob es zu der Regelung widerstreitender menschlicher
Interessen keine anderen Mittel als gewaltsame gebe.« Und S. 47: »Ist
überhaupt gewaltlose Beilegung von Konflikten möglich? Ohne Zweifel.
Die Verhältnisse zwischen Privatpersonen sind voll von Beispielen dafür.
Gewaltlose Einigung findet sich überall, wo die Kultur des Herzens den
Menschen reine Mittel der Übereinkunft an die Hand gegeben hat.« Als ob
das nicht das Zentrum aller anarchistischen Argumentation wäre!
142 Ebd. S. 41.
143 Ebd. S. 59: »Ist die mythische Gewalt rechtsetzend, so die göttliche
rechtsvernichtend, setzt jene Grenzen, so vernichtet diese grenzenlos.«
S. 63: »Jede rechtserhaltende Gewalt [schwächt] in ihrer Dauer die rechtsetzende, welche in ihr repräsentiert ist, durch die Unterdrückung der
feindlichen Gegengewalten indirekt selbst.« S. 64: »Verwerflich aber ist
alle mythische Gewalt, die rechtsetzende, welche die schaltende genannt
werden darf. Verwerflich auch die rechtserhaltende, die verwaltete Gewalt,
die ihr dient. Die göttliche Gewalt, welche Insignium und Siegel, niemals
Mittel heiliger Vollstreckung ist, mag die waltende heißen.« Und dass ihm
niemand mit der Demokratie als Lösung komme, die »die denkbar größte
Entartung der Gewalt bezeugt« (S. 45).
144 Murray N. Rothbard, *The Ethics of Liberty*, Atlantic Highlands 1982,
S. 25: »It is not the intention of this book to expound or defend at length
[...] the personal morality of man. The intention is to set forth a social ethic
of liberty.«

legitimen Grund für die Anwendung von Gewalt, einerlei wie man sie begründet, sondern bloß das *eine* Ziel, all die Ziele – egal ob »ungerechte« oder auch »gerechte« – zurückzuweisen, die sich gewaltsam etablieren, d. h. auf nichtzustimmende Individuen erstrecken wollen. Nicht aus der Festlegung »gerechter Ziele« (die in die Natur, die Religion etc. als »gegeben« hineingelesen werden) ergibt sich diese Argumentation, vielmehr aus der Kritik der Gewalt, nämlich dass sie gerade nicht rechtsetzend sein dürfe: als Mittel zur Rechtserhaltung ausscheide, wenn die Rechtsetzung vermittels Gewalt oder vermittels einer Ideologie zur Rechtfertigung von Gewalt durch »natürliche« Gegebenheiten erfolgt. In diesem Sinne ist die Argumentation weder rein naturrechtlich – jedenfalls im Sinne Benjamins – noch rein formal »positiv«, sondern *gewaltbegrenzend*, ohne in die »kindische« Voraussetzung zu fallen, dass bei der Regelung von Konflikten Gewalt ganz ausgeschlossen bleiben könne.

6.

#5. Zentralisation des Kredits in den Händen des Staats durch eine Nationalbank mit Staatskapital und ausschließlichem Monopol.

Wie das? Nur zwei Jahre später prangert Marx die »Bankokratie« in Frankreich an: »Die provisorische Regierung gab dagegen den Noten der Bank Zwangskurs. Sie tat mehr. Sie verwandelte alle Provinzialbanken in Zweiginstitute der *Banque de France* und ließ sie ihr Netz über ganz Frankreich auswerfen. Sie versetzte ihr später die Staatswaldungen als Garantie für eine Anleihe, die sie bei ihr kontrahierte. So befestigte und erweiterte die Februarrevolution unmittelbar die Bankokratie, die sie stürzen sollte.«[145] – Sein Ton wurde

---

145 Karl Marx, *Die Klassenkämpfe in Frankreich von 1848 bis 1850* (1850), MEW 7, S. 024.

auch weitere sechs Jahre später nicht versöhnlicher: »Zur gleichen Zeit sanktioniert das gerade von dem berühmten ›*Corps legislatif*‹[146] erlassene Dränage-Gesetz,[147] das ein direkter Bruch aller früheren Gesetzgebung und des *Code Napoleon*[148] ist, die Expropriation der Hypothekenschuldner des Landes zugunsten der Regierung Bonapartes, der beabsichtigt, sich mit dieser Einrichtung des Landes zu bemächtigen, so wie er sich vermittels des *Crédit mobilier*[149] der Industrie bemächtigt und durch die Bank von Frankreich des französischen Handels; und das alles, um das Eigentum vor den Gefahren des Sozialismus zu retten!«[150] Das Ergebnis nannte er »kaiserlichen Sozialismus«.[151]

Marx sah darin keinen französischen Sonderweg, sondern das Herz dessen, was er Kapitalismus nannte: »Das System des öffentlichen Kredits, d. h. der Staatsschulden, dessen Ursprünge wir in Genua und Venedig schon im Mittelalter entdecken, nahm Besitz von ganz Europa während der Manufakturperiode. [...] Der öffentliche Kredit wird zum Credo des Kapitals. [...] Die öffentliche Schuld wird einer der energischsten Hebel der ursprünglichen Akkumulation. [...] Von ihrer Geburt an waren die mit nationalen Titeln aufgestutzten großen Banken nur Gesellschaften von Privatspekulanten, die sich den Regierungen an die Seite stellten und, dank den erhaltnen Privilegien, ihnen Geld vorzuschießen imstande waren. [...] Da die Staatsschuld ihren Rückhalt in den Staatseinkünften hat, die die jährlichen Zins- usw. Zahlun-

---

146 Gesetzgebende Körperschaft: 1795 bis 1814 und 1852 bis 1870.

147 Ein Aufforstungsprogramm, welches in der Gironde rund 10 000 km² zu Staatsland machte.

148 Zivilgesetzbuch *(Code civil)*, erlassen unter Napoleon I 1804.

149 Eine von Napoleon III eingerichtete staatsnahe Bank 1852-1870, die mittels Kreditsubventionen die Wirtschaft steuern und beherrschen sollte. Vgl. die kritischen Artikel MEW 12 und Erwähnungen in Briefen MEW 29.

150 Karl Marx, *Crédit mobilier*, 2. Artikel (1856), MEW 12, S. 28.

gen decken müssen, so wurde das moderne Steuersystem die notwendige Ergänzung des Systems der Nationalanleihen. Die Anleihen befähigen die Regierung, außerordentliche Ausgaben zu bestreiten, ohne dass der Steuerzahler es sofort fühlt, aber sie erfordern doch für die Folge erhöhte Steuern. [...] Kolonialsystem, Staatsschulden, Steuerwucht, Protektion, Handelskriege usw., diese Sprösslinge der eigentlichen Manufakturperiode, schwellen riesenhaft [*sic*] während der Kinderperiode der großen Industrie.«[152]

So liest sich die Forderung nach einer »Zentralisation des Kredits in den Händen des Staats durch eine Nationalbank mit Staatskapital und ausschließlichem Monopol« doch recht »kleinbürgerlich« – sie ward bereits verwirklicht.

7.

#6. Zentralisation des Transportwesens in den Händen des Staats.

#7. Vermehrung der Nationalfabriken, Produktionsinstrumente, Urbarmachung und Verbesserung der Ländereien nach einem gemeinschaftlichen Plan.

Aus dem früheren #4 in der Liste von Friedrich Engels sind diese Forderungen übrig geblieben. Auch sie klingen wenig marxistisch. Als eine Lehre aus der »Pariser Kommune«[153] zeichnet Marx das revolutionäre Bild von einer dezentralen kommunalen Selbstverwaltung, nicht einer Ausweitung der zentralistischen Staatsgewalten: »Sobald die kommunale Ordnung der Dinge einmal in Paris und den Mittelpunkten

151 Karl Marx, *Crédit mobilier*, 1. Artikel (1856), MEW 12, S. 24.
152 Karl Marx, *Das Kapital I* (1867), MEW 23, S. 782ff.
153 Aufstand in Paris nach der Niederlage Frankreichs (Napoleon III) gegen Preußen 1870. Im Gegensatz zu Marx war Bakunin an den Aufständen in Frankreich aktiv beteiligt; zwar nicht an der Pariser, wohl aber an der Lyoner Kommune, die der Pariser dann als Vorbild diente. Zu Anfang des Krieges meinte Marx sogar: »Die Franzosen brauchen Prügel.« (Brief an Engels, 20. Juli 1870, MEW 33, S. 5.)

zweiten Ranges eingeführt war, hätte die alte zentralisierte Regierung auch in den Provinzen der Selbstregierung der Produzenten weichen müssen. In einer kurzen Skizze der nationalen Organisation [...] heißt es ausdrücklich, dass die Kommune die politische Form selbst des kleinsten Dorfs sein [...] sollte.«[154]

»Die zentralisierte Staatsmaschinerie, die mit ihren allgegenwärtigen und verwickelten militärischen, bürokratischen, geistlichen und gerichtlichen Organen die lebenskräftige bürgerliche Gesellschaft wie eine *Boa constrictor* umklammert (umstrickt), wurde zuerst in den Zeiten der absoluten Monarchie als Waffe der entstehenden modernen Gesellschaft in ihrem Kampf um die Emanzipation vom Feudalismus geschmiedet. Die grundherrlichen Vorrechte der mittelalterlichen Feudalherren, Städte und Geistlichkeit wurden in Attribute einer einheitlichen Staatsgewalt verwandelt, die die feudalen Würdenträger durch bezahlte Staatsbeamte ersetzte und die Waffen von den mittelalterlichen Gefolgsleuten der Grundbesitzer und den Korporationen der Städtebürger an ein stehendes Heer übertrug; sie setzte an die Stelle der buntscheckigen (parteigefärbten) Anarchie sich befehdender mittelalterlicher Mächte den geregelten Plan einer Staatsmacht mit einer systematischen und hierarchischen Teilung der Arbeit. Die erste französische Revolution mit ihrer Aufgabe, die nationale Einheit zu begründen (eine Nation zu schaffen), musste jede lokale, territoriale, städtische und provinzielle Unabhängigkeit beseitigen. Sie war daher gezwungen, das zu entwickeln, was die absolute Monarchie begonnen hatte, die Zentralisation

---

154 Karl Marx, *Der Bürgerkrieg in Frankreich* (1871), MEW 17, S. 339f. – Lenin will wissen, dass »Marx hier gar nicht vom Föderalismus im Gegensatz zum Zentralismus« spreche (*Staat und Revolution* [1917], Werke 25, Berlin 1974, S. 441).

und Organisation der Staatsmacht, und den Umfang und die Attribute der Staatsmacht, die Zahl ihrer Werkzeuge, ihre Unabhängigkeit und ihre übernatürliche Gewalt über die wirkliche [sic] Gesellschaft auszudehnen, eine Gewalt, die faktisch den Platz des mittelalterlichen übernatürlichen Himmels mit seinen Heiligen einnahm. Jedes geringfügige Einzelinteresse, das aus den Beziehungen der sozialen Gruppen hervorging, wurde von der Gesellschaft selbst getrennt, fixiert und von ihr unabhängig gemacht und ihr in der Form des Staatsinteresses, das von den Staatspriestern mit genau bestimmten hierarchischen Funktionen verwaltet wird, entgegengesetzt. Dieser Schmarotzerauswuchs an der bürgerlichen Gesellschaft, der vorgibt, ihr ideales Ebenbild zu sein, erfuhr seine volle Entwicklung unter der Herrschaft des ersten Bonaparte. Die Restauration und die Julimonarchie fügten ihm nichts hinzu außer einer größeren Arbeitsteilung, die im selben Maße wuchs, wie die Arbeitsteilung innerhalb der bürgerlichen Gesellschaft neue Interessengruppen und infolgedessen neuen Stoff für die Tätigkeit des Staats schuf. In ihrem Kampf gegen die Revolution von 1848 waren die parlamentarische Republik in Frankreich und alle Regierungen Kontinentaleuropas gezwungen, mit ihren Unterdrückungsmaßnahmen gegen die Volksbewegung die Aktionsmittel und die Zentralisation dieser Regierungsgewalt zu stärken. Alle Revolutionen vervollkommneten auf diese Weise nur die Staatsmaschinerie, statt diesen ertötenden Alp [sic] abzuwerfen. Die Fraktionen und Parteien der herrschenden Klassen, die abwechselnd um die Herrschaft kämpften, sahen die Besitzergreifung (Kontrolle) (Bemächtigung) und die Leitung dieser ungeheuren Regierungsmaschinerie als die hauptsächliche [sic] Siegesbeute an. Im Mittelpunkt ihrer Tätigkeit stand die Schaffung ungeheurer stehender Armeen, einer Masse von Staatsparasiten sowie kolossaler Staatsschulden.«[155] – »Paris als Mittelpunkt und Schwerpunkt der zentralisierten Regierungsmaschine unterwarf die Bauernschaft der Herrschaft des Gendarmen, des Steuereinnehmers, des Präfekten, des Pfaffen und der ländlichen Magnaten, das heißt dem Despotismus seiner Feinde, und beraubte sie allen Lebens [...]. [Paris] unterdrückte alle Organe eines unabhängigen Lebens in den landwirtschaftlichen Bezirken. Andererseits nutzten die Regierung, der ländliche Magnat, der Gendarm und der Pfaffe, denen die zentralisierte Staatsmaschine mit ihrem Zentrum Paris den ganzen Einfluss in der Provinz übertragen hatte, diesen Einfluss für die Regierung und die Klassen aus, deren Regierung sie war, – nicht gegen das Paris der Regierung, des Parasiten, des Kapitalisten, des Faulenzers, des kosmopolitischen Bordells, sondern gegen das arbeitende und denkende Paris. Auf diese Weise wurden, durch die Regierungszentralisation mit Paris als ihrer Basis, die Bauern durch das Paris der Regierung und des Kapitalisten unterdrückt, und das Paris der Arbeiter wurde unterdrückt durch die Macht der Provinz, die in die Hände der Feinde der Bauern gelegt worden war.«[156]

155 Karl Marx, *Erster Entwurf zum »Bürgerkrieg in Frankreich«* (1871), MEW 17, S. 538ff. Die Pariser Kommune weilte nur wenige Monate 1871, inspirierte die revolutionäre Bewegung in Europa jedoch über Jahrzehnte. **156** Ebd., S. 560. Nur kurz zuvor, am Beginn des Kriegs, hatte Marx noch ein Hohelied auf die Zentralisation gesungen: »Siegen die Preußen, so die Zentralisation der *State power* nützlich der Zentralisation der deutschen Arbeiterklasse. Das deutsche Übergewicht würde ferner den Schwerpunkt der westeuropäischen Arbeiterbewegung von Frankreich nach Deutschland verlegen, und man hat bloß die Bewegung von 1866 bis jetzt in beiden Ländern zu vergleichen, um zu sehn, dass die deutsche [*sic*] Arbeiterklasse theoretisch und organisatorisch der französischen überlegen ist. Ihr Übergewicht auf dem Welttheater über die französische wäre zugleich das Übergewicht *unsrer* Theorie über die Proudhons etc.« (Brief an Engels, 20. Juli 1870, MEW 33, S. 5.) Bemerkenswert, dass Marx hier den Hauptgegensatz offenbar zu dem Proudhon'schen Anarchismus, noch nicht zu demjenigen Bakunins sah.

#8. Gleicher Arbeitszwang für alle, ...

Ist dieser als eine Zwangsmaßnahme des – (revolutionären Übergangs?-) – Staates gedacht[157] oder sollte ein indirekter Zwang angedeutet werden dadurch, wenn kein arbeitsloses Einkommen mehr zu erzielen wäre? Jedenfalls ist mit Marx keine Sozialstaatsromantik zu machen, die Stütze für jedermann und, gendergemainstreamt eben auch: jedefrau oder gar ein »Bedingungsloses Grundeinkommen« (BGE) verspricht: »Dem Schaffen der Surplusarbeit auf der einen Seite entspricht ein Schaffen von Minus-Arbeit, relativer *idleness* (oder nichtproduktiver Arbeit im besten Fall) auf der andren. Es versteht sich dies erstens vom Kapital von selbst; dann aber auch den Klassen, mit denen es teilt; also von den vom Surplusproduce lebenden Paupers, *flunkeys* [Lakaien], Jenkinses [Speichelleckern] etc., kurz dem ganzen *train* von *retainers* [Bediensteten]; dem Teil der dienenden Klasse, der nicht von Kapital, sondern von Revenue lebt. Wesentlicher Unterschied dieser dienenden und der arbeitenden Klasse.«[158]

---

157 Wieder ganz realistisch, wenn auch ganz ohne Sexappeal gedacht: Die Rundumversorgung durch einen sozialistischen Staat zwingt den Staat dazu, jeden arbeitsfähigen, aber arbeitsunwilligen Menschen zur Arbeit zu zwingen, sonst steht er für seine Rundumversorgung bald ohne Mittel dar. Rothbard spricht von einer »teuflischen Spirale« (*Für eine neue Freiheit* [1973/78], Berlin 2012, Band 2, S. 168) der wachsenden Zahl von Bezugsberechtigten und höherer Belastung produktiver Einkommen. Auch aus der Sicht marxistischer Ökonomie lässt Armut nie durch Redistribution, sondern ausschließlich durch Produktion sich lösen. Dasjenige, was man umverteilen will, kann bloß aus dem Mehrwertfonds abgezweigt werden; wem immer der Mehrwert gerechtfertig gehört, derjenige wird durch die Umverteilung enteignet; aus »Umfairteilen« wird unfair Teilen. Nicht nur das; die Umverteilung senkt darüber hinaus die Akkumulation des Kapitals und wirkt mithin negativ auf die Produktivität.
158 Karl Marx, *Die Grundrisse der Kritik der politischen Ökonomie* (1858), MEW 42, S. 314f.

#8. ... Errichtung industrieller Armeen, besonders für den Ackerbau.

**#9. Vereinigung des Betriebs von Ackerbau und Industrie,
Hinwirken auf die allmähliche Beseitigung des Unterschieds von
Stadt und Land.**

Ja, es sei zugegeben, mitunter klingt Marx ganz so, als habe er wirklich die ganze Maschinerie der Parteibonzen im Kopf gehabt und deren Verachtung für die Freiheit jedes kleinen Arbeiters und jedes kleinen Bauern gutgeheißen: »Was wir brauchen, ist eine tägliche Steigerung der Produktion, deren Erfordernisse nicht befriedigt werden können, wenn einigen wenigen Individuen es erlaubt ist, sie nach ihren Launen und privaten Interessen zu regeln oder aus Unwissenheit die Kräfte des Bodens zu erschöpfen. Sämtliche modernen Methoden wie Bewässerung, Entwässerung, Anwendung des Dampfpflugs, chemische Bearbeitung etc. müssten endlich in der Landwirtschaft Eingang finden. Aber die wissenschaftlichen Kenntnisse, die wir besitzen, und die technischen Mittel der Landbearbeitung, die wir beherrschen, wie Maschinerie etc., können wir nie [sic] erfolgreich anwenden, wenn wir nicht einen Teil des Bodens in großem Maßstab bearbeiten. Wenn die Bearbeitung des Bodens in großem Maßstab – sogar in seiner jetzigen kapitalistischen Form, die den Produzenten zum bloßen Arbeitstier herabwürdigt – zu Ergebnissen führt, die denen der Bearbeitung kleiner und zersplitterter Flächen weit überlegen sind, würde sie dann nicht, in nationalem Maßstab angewendet, der Produktion zweifellos einen ungeheuren [sic] Impuls geben? Die ständig wachsenden Bedürfnisse der Bevölkerung einerseits, das dauernde Steigen der Preise landwirtschaftlicher Erzeugnisse andererseits liefern den unbestreitbaren Beweis, dass die Nationalisierung des Grund und Bodens zu einer ›gesellschaftlichen Notwendigkeit‹ geworden ist. Der Rückgang der landwirtschaftlichen Produktion, der seine Ursache im individuellen Missbrauch hat, wird unmöglich, sobald die Bodenbearbeitung unter der Kontrolle, auf Kosten und zum Nutzen der Nation durchgeführt wird. Es ist oft auf Frankreich hingewiesen worden, aber mit seinen bäuerlichen Eigentumsverhältnissen ist es weiter von der Nationalisierung des Grund und Bodens entfernt als England mit seiner Großgrundbesitzerwirtschaft [sic]. In Frankreich ist zwar der Grund und Boden allen zugänglich, die ihn kaufen können, aber gerade diese Möglichkeit führte zur Aufteilung des Grund und Bodens in kleine Parzellen, die von Menschen bearbeitet werden, welche nur über spärliche Mittel verfügen und vornehmlich auf ihre eigene körperliche Arbeit und die ihrer Familien angewiesen sind. Diese Form des Grundeigentums mit der Bearbeitung zersplitterter Flächen schließt nicht nur jede Anwendung moderner landwirtschaftlicher Verbesserungen aus,[159a] sondern macht zugleich den Landmann selbst zum entschiedensten Feind jeden gesellschaftlichen Fortschritts und vor allem der Nationalisierung des Grund und Bodens.«[159b] (Ein *kleiner* Trost: Auch hier ist Marx nicht für grüne, rückwärtsgewandte Romantik wohlversorgter Kleinbürger zu haben.)

Dieser marxistische Glaube an die Rationalität der Planung mündet in folgende, heute grotesk anmutende Fehlprognose von Ernest Mandel 1972, der im »Rüstungswettlauf« ein

159a Dagegen sagt Marx in *Lohn, Preis und Profit* (1865), MEW 16, S. 119, »den englischen Landarbeiter, dessen Arbeit relativ niedrig bezahlt wird, [sticht] wegen der Teuerkeit seines Produkts fast jede andre Nation aus.« Dies Faktum deutet aber darauf hin, dass die englische Großgrundbesitzerwirtschaft *nicht* rationeller, vielmehr *weniger* rationell ist als kleinbäuerliche Produktion. Marx widerlegt sich hier, wie so oft, selber.
159b Karl Marx, *Über die Nationalisierung des Grund und Bodens* (1872), MEW 18, S. 60f. Er konnte allerdings auch anders, unser Marx, siehe oben These V.2. – Man wird sich also stets zu entscheiden haben, was Marxismus im Sinne einer guten Theorie ist und was im Sinne einer schlechten Praxis.

Unterliegen des Kapitalismus für unvermeidlich hielt, da die nicht-kapitalistischen Staaten (gemeint war wohl der Ostblock) »bei der Entwicklung der Technik durch keinerlei [sic] Verwertungsbedingungen in ihrer Produktivität« eingeschränkt[160] seien. Ob die Fähigkeit zur Hochrüstung ein humanes Kriterium für die Güte eines politisch-wirtschaftlichen Systems sein soll, sei Ihnen anheim gestellt. Dass die Empirie eine klare Sprache gesprochen hat, welches System wirtschaftlich-militärisch überlegen ist, steht außer Frage.

10.

#10. Öffentliche und unentgeltliche Erziehung aller Kinder. Beseitigung der Fabrikarbeit der Kinder in ihrer heutigen Form. Vereinigung der Erziehung mit der materiellen Produktion usw.

Mit Schule, Erziehung und Bildung hat sich Marx nie eingehend befasst. Er war der Meinung, dass im Kapitalismus die Dequalifizierung von Arbeit vorherrsche.[161] Die Frage lautet, was diese Forderung dann bringen soll. An Bildung um »ihrer selbst« Willen wie bei Wilhelm von Humboldts Menschen- oder Allgemeinbildung ist hier wohl nicht gedacht, da ausdrücklich der Einbettung der Erziehung in die materielle Produktion das Wort geredet wird. E. G. West hat in der Tat nachgewiesen, dass in England (und in den USA)

---

160 Ernest Mandel, *Der Spätkapitalismus*, Frankfurt/M. 1972, S. 205.

161 »Die geschickte Arbeit verwandelt sich [sic] immer mehr in einfache Arbeit.« Karl Marx, *Aus dem handschriftlichen Nachlass* (1849), MEW 6, S. 540f. Und: »Der Unterschied zwischen höherer und einfacher Arbeit, ›skilled‹ und ›unskilled labour‹, beruht zum Teil auf bloßen Illusionen oder wenigstens Unterschieden, die längst aufgehört haben, reell zu sein. […] Übrigens muss man sich nicht einbilden, dass die sogenannte ›skilled labour‹ einen quantitativ bedeutenden Umfang in der Nationalarbeit einnimmt.« Karl Marx, *Das Kapital I* (1867), MEW 23, S. 212.

162 E. G. West, *Education and the Industrial Revolution*, London 1975. Marxistisch gesprochen war die Einrichtung der öffentlichen, unentgeltlichen Schule die »Expropriation« der Arbeiter von ihrer eigenen Bildung

die Arbeiter vor Einführung der öffentlichen und unentgeltlichen Schule für eine fast vollständige Alphabetisierung
durch selbstorganisierten und selbstfinanzierten Unterricht
gesorgt haben,[162] weil das sowohl ihrem Wunsch nach Teil-
habe an der »bürgerlichen« Kultur entsprach als auch ihre
Chancen auf besser bezahlte Arbeit erhöhte. Der Beitrag
der staatlichen Schulbildung für die Produktivität kann dagegen gut bezweifelt werden. Die höheren Chancen, die sie
vermittelt, vermittelt sie durch das »Berechtigungswesen«.
Für den Ansatz einer Marx'schen Ideologiekritik nicht über-
raschend ist die Feststellung, dass das staatliche Bildungs-
wesen ökonomisch vor allem eine Umverteilung von unten
nach oben darstellt.[163a] Dann aber macht die Forderung #10
im Katalog des »*Manifests*« einen nur schlechten Sinn. Als
das »*Gothaer Programm*« der späteren SPD die Forderung
1875 wörtlich wiederholte, war sie historisch überlebt, weil
sie im bürgerlichen Staat Gestalt angenommen hatte, ohne
zu tiefgreifenden Veränderungen zu führen, außer der, das
Bestehende zu festigen; Marx goss Spott über sie aus. »Ganz
verwerflich ist eine ›Volkserziehung durch den Staat‹. [...]
Vielmehr sind Regierung und Kirche gleichmäßig von jedem Einfluss auf die Schule auszuschließen.«[163b]
Bemerkenswert die Einschränkung, Kinderarbeit solle »in

durch den Staat. – Zur Kritik der staatlichen Schule vgl. Stefan Blankertz, *Pädagogik mit beschränkter Haftung: Kritische Schultheorie*, Berlin 2013 (edition g. 105).
163a Michael Katz, *The Irony of Early School Reform*, New York 1968. Katz zieht auch – wie Paul Goodman – den Beitrag der staatlichen Schulbildung für die Qualifizierung der Arbeiter stark in Zweifel.
163b Karl Marx, *Kritik des Gothaer Programms* (1875), MEW 19, S. 30. »[Eine allgemeine Schulpflicht] existiert selbst in Deutschland, [... unent-geltlicher Unterricht] in der Schweiz [und in] den Vereinigten Staaten für Volksschulen. – Wenn [...] ›höhere‹ Unterrichtsanstalten ›unentgeltlich‹ sind, so heißt das faktisch nur, den höheren Klassen ihre Erziehungskosten aus dem allgemeinen Steuersäckel [zu] bestreiten« (ebd.).

ihrer heutigen« = damaligen »Form« beseitigt, nicht in *jeder* Form verboten werden.[163c] Das lässt andere Perspektiven offen, als Schule zur einzigen Quelle möglicher Qualifikation zu erklären. Eine andere Perspektive, als dass Kinder bzw. Jugendliche »bis in die zwanziger Jahre in der Schule« bleiben, abhängig von Eltern und Institutionen, wie Siegfried Bernfeld es 1925 seinem – fiktiven – Kultusminister Machiavell in den Mund legt.[163d]

II.

Gegen Marx mit Marx. — Um Marx zu widerlegen, muss man nicht selten bloß – *Marx* zitieren.

163c Nahezu drei Jahrzehnte nach dem »*Manifest*« stellte Marx noch fest: »Allgemeines Verbot der Kinderarbeit ist unverträglich mit der Existenz der großen Industrie und daher leerer frommer Wunsch. Durchführung desselben – wenn möglich – wäre reaktionär.« Ebd., S. 32.
163d Siegfried Bernfeld, *Sisyphos oder die Grenzen der Erziehung* (1925), Frankfurt/M. 1970, S. 100. Machiavell warnt seine Schulräte auch, sich »in die pädagogischen Fragen einzumengen«; das sei nicht nötig, solange der Staat die Schulstruktur bestimme. Siegfried Bernfeld (1892-1953), Zionist, Reformpädagoge, Psychoanalytiker und als Marxist neben Wilhelm Reich einer der Begründer des sog. »Freudomarxismus«.

VI.
Mit Marx gegen die unvollständige Kapitalismusanalyse

1.

Kommentar zu: »*Resultate des unmittelbaren Produktions-prozesses*«, nicht veröffentlichtes VI. Kapitel des 1. Kapital-Bandes.[164] — Auf die »*Resultate*« bin ich durch Claudio Napoleoni aufmerksam geworden. Sein Buch »*Ricardo und Marx*«[165] hat nicht nur das Verdienst, David Ricardo als die Grundlage von Marx zu erweisen, sondern auch das Pro-blem der »Transformation« der Werte (Arbeitsquanten) in Preise als ungelöst stehen zu lassen.[166] Da, sofern das Trans-formations-Problem ungelöst bleibt, das Marx'sche System der Arbeitswertlehre, falls wir die Arbeitswertlehre denn als Marx'sche behaupten wollen, in sich zusammenfällt, zeigt es den religiösen Charakter des Marxismus an, dass Napoleoni sich trotzdem weiter »in ihm« bewegen will. An Marx fest-zuhalten, wäre mithin nur möglich, indem wir die Arbeits-wertlehre als nicht zu Marx, sondern zu Ricardo gehörig kennzeichnen, und Marx' Zurückweisung von Ricardo wie einen Subtext lesen: Marx weist die Unzulänglichkeiten bei Ricardo als *Weltgeist* des Kapitalismus zurück, damit aber wird es möglich, den Kapitalismus zu legitimieren; einen an-deren Kapitalismus freilich als den, der historische Realität erlangte. Einen »Kapitalismus der freien Konkurrenz«,[167] den die Marxisten beschwören und als Popanz aufbauen, hat es Marx zufolge nämlich nie gegeben.

---

164 Fehlt in den MEW, zitiert nach Berlin 2009; verfasst ca. 1866; Erstver-öffentlichung 1933. Abgekürzt *Resultate*.
165 Claudio Napoleoni, *Ricardo und Marx* (1972), Frankfurt/M. 1974.
166 Siehe das Kapitel VII.
167 Ernest Mandel, *Der Spätkapitalismus*, Frankfurt/M. 1972, S. 171. Und später im Text bemerkt Mandel nicht einmal den Widerspruch, wenn er im Anfang eines Abschnitts von einer »früh-kapitalistischen Ära der freien

2.

»Dass der Arbeiter die Hälfte des Arbeitstags für sich, die andere Hälfte gratis für den Kapitalisten arbeitet«,[168] also die Mehrwertproduktion, wird in diesem Text stets vorausgesetzt, nie aber abgeleitet im Sinne einer Erklärung, *warum* bzw. *unter welchen Bedingungen* die Arbeiter zu solcherart Mehrarbeit bereit seien. Marxisten neigen dazu, die Bereitschaft zur Mehrarbeit einfach hinzunehmen als aus der Not der Arbeiter geboren, sich reproduzieren zu müssen. Jedoch setzt diese Not voraus, dass der Arbeiter keine Alternative hat. Und dass er die nicht hat, ist erklärungsbedürftig.[169]

3.

»Ihren Tauschwert erhält diese selbstständige, von ihrem

Konkurrenz« spricht, um ein paar Zeilen weiter Marx folgend richtig die »Bedeutung internationaler Staatsanleihen« für die Kapitalakkumulation festzustellen (S. 291). Im »Spätkapitalismus« fallen dann endgültig die »›staatsindifferenten‹ Konzerne [...] einem ihrer Konkurrenten zum Opfer«; »multinationale Konzerne [... bedürfen für ihre Existenz ...] eines stärkeren Staates als des ›klassischen‹ Nationalstaates« (S. 306f).

168 Karl Marx, *Resultate*, a.a.O., S. 29. Dagegen: In *Das Kapital I* zeige ich, »dass [der Kapitalist] nicht nur ›abzieht‹ oder ›raubt‹, sondern die Produktion des Mehrwerts erzwingt, *also das Abzuziehende erst schaffen hilft;* ich zeige ferner [...], dass [... er ...] – [... dann wenn ...] er dem Arbeiter den wirklichen Wert seiner Arbeitskraft zahlt – mit vollem Recht [...] den Mehrwert gewänne.« *Randglossen zu A. Wagner* (1880), MEW 19, S. 359.

169 In Nordamerika »sind die Klassengegensätze nur unvollständig entwickelt; die Klassenkollisionen werden jedesmal vertuscht durch den Abzug der proletarischen Überbevölkerung nach dem Westen; das Einschreiten der Staatsmacht, im Osten auf ein Minimum reduziert, existiert im Westen gar nicht.« Karl Marx, aus einer Rezension 1850, MEW 7, S. 288. »In den Vereinigten Staaten von Nordamerika [bestehn] zwar schon Klassen, aber [haben] sich noch nicht fixiert, sondern [wechseln] in beständigem Flusse fortwährend ihre Bestandteile und [treten sie] aneinander ab, wo die modernen Produktionsmittel, statt mit einer stagnanten Übervölkerung zusammenzufallen, vielmehr den relativen Mangel an Köpfen und Händen ersetzen, und wo endlich die fieberhaft jugendliche Bewegung der materiellen Produktion, die eine neue Welt sich anzueignen hat, weder

Gebrauchswert durchaus unabhängige Form, als bloßes Dasein der materialisierten gesellschaftlichen Arbeitszeit, in ihrem Preise, worin der Tauschwert als Tauschwert, d. h. als Geld ausgedrückt ist«.[170] Anders als an den Stellen, wo Marx den »Unterschied und Widerspruch zwischen Wert und Preis«[171] herausarbeitet, ist hier der Preis direkter, analoger und mechanischer Ausdruck des »Wertes« (der Arbeitszeit).[172] Veränderungen des Preises ergeben sich – bei Preissenkung – aus der Erhöhung der »Produktivität oder Produktivkraft der Arbeit«.[173] Dann wächst die Masse, die »Anzahl Waren, die verkauft werden müssen«,[174] als ob nicht Angebot – bei Marx oft: »Zufuhr« – und Nachfrage eine Rolle spielen würden, als regele nicht die Konkurrenz den Preis.[175] Daraus würde folgen, dass ein Kapitalist seine

Zeit noch Gelegenheit ließ, die alte Geisterwelt abzuschaffen.« Karl Marx, *Der achtzehnte Brumaire des Louis Bonaparte* (1852), MEW 8, S. 122f.

170 Karl Marx, *Resultate*, a.a.O., S. 27. Im *Kapital III* (1865), MEW 25, S. 219 heißt es, die Werte stünden »hinter den Produktionspreisen« und bestimmten sie »in letzter Instanz«. Was hier »letzte Instanz« heißt und *wie* diese Bestimmung vor sich geht, bleibt Mysterium.

171 Karl Marx, *Die Grundrisse der Kritik der politischen Ökonomie* (1858), MEW 42, S. 73ff. »Der Warenpreis steht beständig über oder unter dem Warenwert, und der Warenwert selbst existiert nur in dem *up and down* der Warenpreise. Nachfrage und Zufuhr bestimmen beständig die Warenpreise; decken sich nie oder nur zufällig« (S. 73).

172 Ernest Mandel, der die Polemik von Marx gegen das »eherne Lohngesetz« Ferdinand Lassalles, das »naturnotwendig die Höhe des Arbeitslohns« bestimme, aufnimmt und den Lohn dagegen als durch »Klassenkampf« bestimmt erscheinen lässt (*Der Spätkapitalismus*, a.a.O., S. 140), behauptet eine Seite später, bisweilen gelinge dem Kapital, »den Preis der Ware Arbeitskraft unter ihren Wert zu drücken« (S. 141f). Aber was ist dieser (objektive) »Wert«, wenn der Preis doch stets ausgehandelt wird?

173 Karl Marx, *Resultate*, a.a.O., S. 30f.

174 Ebd., S. 44.

175 »Gilt deine Arbeitsstunde soviel wie die meinige? Diese Frage wird durch die Konkurrenz entschieden. | Die Arbeit ›gilt‹ mehr oder weniger, je nachdem die Lebensmittelpreise höher oder niedriger sind, je nachdem Angebot von und Nachfrage nach Arbeitskräften in diesem oder jenem

Waren lieber nicht verkauft als »unter Wert«. Das leuchtet nicht ein, denn bei Nichtverkauf ist sein Verlust größer als beim Verkauf zu einem niedrigeren Preis; und dieser Verkauf wüchse sich erst dann zu einem wirklichen Verlust aus, wenn der Preisabschlag den Betrag des Mehrwerts überschreitet. Selbst in solch einem Falle gilt, dass der Verlust um so geringer ausfällt, je mehr Waren der Kapitalist absetzt, egal zu welch niedrigem Preis. Sollte Marx der Widerspruch nicht aufgefallen sein? Ich gehe davon aus, dass er ihn ungelöst stehen lassen konnte, weil es gar nicht der Widerspruch *seiner* Theorie, sondern der Theorie von David Ricardo ist, die Marx in der Tat als falsch erweisen wollte.[176]

4.

Marx »löst« das Problem der klassischen liberalen Ökonomie, den Preis (einer Ware) mit einem Preis (nämlich dem der Arbeit) zu erklären, also nichts zu erklären, bekanntlich mit dem Theorem, der Preis der Arbeit sei die Arbeitszeit, die nötig ist, um die Reproduktion der Arbeit zu gewährleisten.[177] Damit löst er weniger, als die Marxisten es gerne sähen. Denn wo verläuft eine solche »Armutsgrenze«? Und

Grade vorhanden ist etc.« Karl Marx, *Das Elend der Philosophie* (1847), MEW 4, S. 85|88.

176 »Alle Wissenschaft wäre überflüssig, wenn die Erscheinungsformen und das Wesen unmittelbar zusammenfielen.« Karl Marx, *Das Kapital III* (1865), MEW 25, S. 825.

177 »Was ist nun also der Wert der Arbeitskraft? Wie der jeder andern Ware ist der Wert bestimmt durch das zu ihrer Produktion notwendige Arbeitsquantum. Die Arbeitskraft eines Menschen existiert nur in seiner lebendigen Leiblichkeit. Eine gewisse [*sic*] Menge Lebensmittel muss ein Mensch konsumieren, um aufzuwachsen und sich am Leben zu erhalten.« Karl Marx, *Lohn, Preis und Profit* (1865), MEW 16, S. 131.

178 Karl Marx, *Resultate*, a.a.O., S. 115.

179 Ernest Mandel, *Der Spätkapitalismus*, Frankfurt/M. 1972, S. 63. Marx spricht vom »traditionellen Lebensstandard« (also nicht vom physischen Existenzminimum): *Lohn, Preis und Profit* (1865), MEW 16, S. 148.

was heißt es für die Theorie, wenn Löhne über das absolut Erforderliche hinaus steigen? So erwähnt Marx zum Beispiel Zeitungen, die »in die notwendigen Lebensmittel des englischen städtischen Arbeiters eingehen«.[178] Was heißt hier notwendig? Inwieweit sind Zeitungen notwendig für die Reproduktion der reinen Arbeitskraft? Ernest Mandel spricht von »moralisch-historischen Reproduktionskosten der Arbeitskraft«,[179] die in dem Lohn unberücksichtigt blieben.[180] Andererseits könne durch »Klassenkampf« (durch gewerkschaftlich erzwungene Lohnerhöhungen) die Mehrwertrate gesenkt werden.[181] Zudem erzwinge die Konkurrenz, derart entwickelt Marx es im Band drei des »*Kapitals*«, dass sich die Mehrwertrate, die in den einzelnen Industriezweigen unterschiedlich ist, über die Preise ausgleiche.[182] Insofern finden sich manche Kapitalisten bereit, auf einen Teil ihres Mehrwerts zu verzichten, ihn zu vergesellschaften.[183] Darum ist die vereinfachte Formel nicht haltbar, der Lohn sei jene Arbeitszeit, in der das unmittelbare Existenzminimum des Arbeiters entsteht, der Rest sei »Mehrwert« des Kapitals, weil der Arbeitstag länger dauert, als die zur Reproduktion notwendige Arbeitszeit betrage.[184] Wenn bei Ernest Mandel

---

180 Später im Text gesteht Mandel allerdings zu, »neue Waren« würden »dem Existenzminimum einverleibt«, »gewohnheitsmäßig« (*Der Spätkapitalismus*, a.a.O., S. 139), und weist wütend die Behauptung zurück, Marx habe die absolute Verelendungstheorie mit notwendig sinkendem Realeinkommen der Arbeiter vertreten (ebd., S. 146ff.). Doch da ist Marx eindeutig: »Wären nicht die Schwankungen [!] des Lohnes, so nähme der Arbeiter gar keinen Anteil an der Entwicklung der Zivilisation, er bliebe stationär.« *Aus dem handschriftlichen Nachlass* (1849), MEW 6, S. 540f.

181 Mandel, a.a.O., S. 37f.

182 Napoleoni, a.a.O., S. 181ff. K. Marx, *Das Kapital III*, MEW 25, S. 167.

183 Mandel, a.a.O., S. 91. Mit Bedacht formuliere ich, »sie finden sich bereit«; denn durch welchen Mechanismus des Marktes könnten sie sich laut Marx gezwungen sehen? Es könnte nur *politischer* Mechanismus sein.

184 Marx selber bemerkt: »Im großen und ganzen sind die allgemeinen Bewegungen des Arbeitslohns ausschließlich reguliert durch die Expansion

wie Claudio Napoleoni die Mehrwertrate dann bloß noch als die Differenz zwischen Arbeitslohn und realisierten Warenpreisen minus der Material- und Maschinenkosten erscheint (mithin die Bezugnahme aufs Existenzminimum wegfällt, weil sie einer empirischen Überprüfung nirgends standhält), kann das bloß angehen, sofern in dieser Differenzsumme »keine aktive Teilnahme des Kapitalisten an dem Produktionsprozess«[185] enthalten ist. – Marx allerdings erkannte einen »Arbeitslohn des Kapitalisten« als »Aufsichts- und Verwaltungslohn« an;[186] er ist »nicht Aneignung von fremder Arbeit, sondern Wertschöpfung eigner Arbeit. Dieser Teil des Mehrwerts ist also gar nicht mehr Mehrwert, vielmehr das Gegenteil, Äquivalent für vollbrachte Arbeit«.[187] Was könnten nach Marx diese Leistungen des Kapitalisten sein?

und Kontraktion der industriellen Reservearmee.« K. Marx, *Das Kapital I* (1867), MEW 23, S. 666. Das heißt: Reguliert durch die Konkurrenz, nicht durch das »Wertgesetz« der Arbeitswertlehre.

185 Napoleoni, a.a.O., S. 209.

186 Karl Marx, *Das Kapital III* (1865), MEW 25, S. 402.

187 Karl Marx, *Revenue and its sources* (1862), MEW 26.3, S. 486. Claudio Napoleoni, a.a.O., S. 209, verordnet Marx jedoch, es sei klar, »dass sich die Marxsche Argumentation [hinsichtlich seiner Ausbeutungstheorie] nicht aufrechterhalten ließe«, wenn es eine »aktive Teilnahme des Kapitalisten am Produktionsprozess« gäbe.

188 Karl Marx, *Resultate*, a.a.O., S. 29.

189 Ebd., S. 103. – Hingegen findet Marx, »überall kreditiert daher der Arbeiter dem Kapitalisten«, weil jener von diesem erst nach vollbrachter Arbeit entlohnt werde, und das sei »kein leerer Wahn« (*Das Kapital I*, [1867], MEW 23, S. 188); hier wird klar, dass Marx, wie wir weiter unten noch sehen werden, ein Verkaufen der Waren nicht in den Prozess einbezieht (denn der Zeitpunkt liegt meist später als die Entlohnung). Zugleich erhebt sich die Frage, warum es nicht unerheblich ist, wenn der Arbeiter dem Kapitalisten kreditiert, wohl aber wenn der Kapitalist dem Arbeiter Kapital vorschießt. Auch darin wieder folgt Marx ganz den klassischen liberalen Ökonomen: »Kapital, genau zu sprechen, hat keine produktive Macht. Die einzige produktive Macht ist die der Arbeit.« John Stuart Mill, zit. in: Karl Marx, *Ökonomisches Manuskript 1861-1863*, MEW 43, S. 201.

Das »vorgeschossene Kapital«[188] ist nach Marx zumindest vordergründig keine Leistung, sondern nur »andrer Name für Mehrwert«.[189] Die lebenslange Polemik von Marx gegen Pierre-Joseph Proudhon[190] hat ihm nun die Sicht verstellt. Obgleich Proudhon Unrecht tat, den Zins zu verdammen (denn Zinsen sind der Preis für produktive Arbeit, deren Produkte nicht unmittelbar verzehrt, sondern der Produktion zur Verfügung gestellt werden; drum ist Zins der Preis des Aufschubs), so hatte er doch einen interessanten Punkt: Wenn die Arbeiter sich gegenseitig Arbeit »vorschießen«, dergestalt selber den Nutzen vom Aufschub haben, können sie den Umweg über den in Geld auszuzahlenden Zins einsparen.[191] Da Marx die geldillusionäre Theorie der Kapitalbildung ablehnte,[192] vielmehr bloß die reale Maschinerie als Kapital ansah, hätte er an dieser Stelle beweisen müssen, wie

190 Besonders in: Karl Marx, *Das Elend der Philosophie* (1847), MEW 4, S. 63 ff; Karl Marx, *Revenue and its sources* (1862), MEW 26.3, S. 512 ff; Karl Marx, *Resultate* (1866), a.a.O., 48 ff. – Dass Marx ihm dabei immer wieder den schrägen Hegelianismus vorwirft, ist ein besonderer Witz.

191 Ganz präzise ist Proudhon nicht – und diese begriffliche Schlamperei wirft Marx ihm zurecht vor –, denn der Zins ist nicht verschwunden, vielmehr versteckt darin, dass jene, die das Kapital vorschießen, selber an der Produktion partizipieren. So weit weg von Proudhon, wie Marx es erscheinen lassen wollte, befand er sich nicht: »Gesetzt, es existiere gar kein Kapitalist, aber die unmittelbaren und miteinander austauschenden Arbeiter arbeiteten mehr als nötig, um zu leben, weil sie auch akkumulieren wollten etc. Nenne *wages* den Teil der Arbeit, den der Arbeiter verrichtet, um zu leben, Profit die Surpluszeit, die er arbeitet, um zu akkumulieren.« *Grundrisse* ... (1858), MEW 42, S. 475 f. Vgl. auch Anm. 254, S. 117.

192 »Eselei [ist es, das] Geld als Wert des Kapitals [zu] verwechseln mit dem reel vorhandenen Metallgeld. In den Krisen ist das Kapital (als Ware) unaustauschbar, nicht weil zu wenig Zirkulationsmittel vorhanden; sondern es zirkuliert nicht, weil es nicht austauschbar. Die Bedeutung, die in Krisen das bare Geld bekommt, rührt nur daher, dass, während Kapital nicht austauschbar gegen seinen Wert – und nur darum erscheint ihm dieser gegenüber in der Form des Geldes fixiert –, Verpflichtungen zu zahlen sind; neben der unterbrochenen Zirkulation eine Zwangszirkulation stattfindet.« Ebd., S. 501 f.

das herrschende System der Ausbeutung die Arbeiter daran hindert, den Weg der Gegenseitigkeit, des Proudhon'schen »Mutualismus« zu gehen.[193] Immerhin bemerkt Marx, dass die Löhne in England den Arbeitern in gewissem Umfang erlauben zu »schatzbildnern«.[194] Hinderungsgründe wären politische, nicht ökonomische.

Marx benennt zwar als ein »Risiko«,[195] dass sich die in den Produktionsprozess eingegangenen Werte nicht realisieren, wertet dies jedoch ab mit dem Argument, ein solches Risiko sei »jedem [sic] Produktionsprozess eigen«, es falle auf den Kapitalisten »nur, weil er das Eigentum an den Produktionsmitteln usurpiert« habe. Ein schwaches Argument, denn ob er das Eigentum usurpiert hat oder nicht, er trägt das Risiko und dies ist etwas wert, darstellbar in einer Versicherungssumme. In der »*Kritik des Gothaer Programms*« bezeichnet Marx ausdrücklich »Reserve- oder Assekuranzfonds gegen Missfälle, Störungen durch Naturereignisse etc.« als berechtigten Abzug vom Lohn (also berechtigte Zurückhaltung

193 Marx kritisierte an Proudhon, wohlgemerkt, seinen Sozialismus und nicht seinen Anarchismus.

194 Karl Marx, *Resultate*, a.a.O., S. 115.

195 Karl Marx, *Resultate*, a.a.O., S. 65.

196 Karl Marx, *Kritik des Gothaer Programms* (1875), MEW 19, S. 19.

197 Karl Marx, *Resultate*, a.a.O., S. 64.

198 In grotesker Weise kennzeichnet Ernest Mandel (*Der Spätkapitalismus*, Frankfurt/M. 1972, S. 214) Unverkäuflichkeit einer Ware – im Gegensatz zu Qualitätsmängeln – als »außerbetriebliche Umstände«. Gehört eine Verkaufsplanung nicht zum Wesen eines kapitalistischen Betriebs? Darum kann er eine Seite später behaupten, Produktionen »bedeutend niedriger oder bedeutend höher als der Bedarf« seien wegen fehlender »zentraler Verfügungsgewalt« an der Tagesordnung. – Die Empirie spricht eine klare Sprache: Fehlkalkulationen belasteten die Planwirtschaft deutlich stärker als den Kapitalismus, selbst in seiner eingeschränkten Form mit schwerem Staatsinterventionismus.

199 Karl Marx, *Resultate*, a.a.O., S. 118. Im *Manifest der Kommunistischen Partei* wird die »Geisterhand« 1848 dagegen genauer gekennzeichnet: »Die Bourgeoisie reißt durch die rasche Verbesserung aller Produktions-

der Auszahlung des im Warenpreis realisierten Geldes an den Arbeiter).[196]

Die »Güte« der Rohmaterialien, Funktionsfähigkeit von Maschinen, Vermeidung von Vergeudung, Qualität der Produkte sind »Sache des Kapitalisten«, gehören zur »Aufsicht und Disziplin des Kapitalisten«.[197] Das sind sicherlich Leistungen, welche einen Unternehmerlohn »erheischen«. Versteckt reklamiert Marx an dieser Stelle sogar die »Güte [der Waren] als Gebrauchswerte«, was ja so viel heißt wie die Waren auf die Bedürfnisse ihrer Käufer abzustimmen. Was allerdings hier wie überall fehlt, ist die Sorge für die Verkäuflichkeit. Das stellt keine zufällige Auslassung dar. Denn Marx – und darin folgen ihm die Marxisten blind – sieht im Verkauf, also in der Realisierung des Preises, einen gleichsam automatisch ablaufenden Vorgang,[198] ebenso wie scheinbar von Geisterhand, nicht etwa durch Erfindungen und Entscheidungen die »Einführung der Maschinerie«[199] erfolgt.[200]

instrumente, durch die unendlich erleichterten Kommunikationen alle, auch die barbarischsten Nationen in die Zivilisation. Die wohlfeilen Preise ihrer Waren [sic] sind die schwere Artillerie, mit der sie alle chinesischen Mauern in den Grund schießt, mit der sie den hartnäckigsten Fremdenhass der Barbaren zur Kapitulation zwingt.« Karl Marx und Friedrich Engels, *Das kommunistische Manifest* (1848), MEW 4, S. 466. Wohlgemerkt voll der Bewunderung (ebd., S. 465): »Sie hat ganz andere Wunderwerke vollbracht als ägyptische Pyramiden, römische Wasserleitungen und gotische Kathedralen, sie hat ganz andere Züge ausgeführt als Völkerwanderungen und Kreuzzüge.«

200 Ernest Mandel (*Der Spätkapitalismus*, Frankfurt/M. 1972, S. 296f) zählt u. a. Alfa-Romeo zum »Übergewicht gewisser Firmen [...] auf dem europäischen Markt für Groß- und Luxusautos«, was »das schlagende Beispiel« liefert für die »auf Produktspezialisierung aufgebaute, neue, den spätkapitalistischen multinationalen Großkonzernen adäquate Form der internationalen Arbeitsteilung«. Vor allem aufgrund von Qualitätsmängeln litt der Ruf der Marke so sehr, dass sie in die Verlustzone geriet und das Unternehmen 1986 die Unabhängigkeit verlor. Die Qualitätsmängel sind zumindest teilweise übrigens darauf zurückzuführen, dass die Regierung

»Das Resultat [!] der kapitalistischen Produktionsweise [ist es], die Produktivität der Arbeit fortwährend zu steigern [...] und daher den Preis der einzelnen Ware zu senken oder die Warenpreise überhaupt zu verwohlfeilern«.[201] Entgegen der »absoluten Verelendungstheorie«, die Marx zugeschrieben wird,[202] ist die Steigerung der Produktivität mit Steigerung der Ausbeutung nicht verbunden, jedenfalls nicht im Sinne des Herabdrückens der Löhne; der Geldlohn der Fabrikarbeiter steigt »trotz Verkürzung des Arbeitstages«.[203] Die Produktivitätssteigerung und damit die Verbesserung der Lebensbedingung der Arbeiter wird hier wohlgemerkt von Marx als Leistung des Kapitals und nicht der Arbeit gekennzeichnet, denn die Arbeit ist als Verausgabung von körperlicher Kraft ganz und gar gleich geblieben. Produktiver wird

von Italien das Unternehmen aus »entwicklungspolitischen« Gründen gezwungen hatte, ein Werk im Süden zu errichten, ein Werk, in welchem es über zehn Jahre fast wöchentlich zu Streiks kam. Ein weiterer Hinweis auf die Wichtigkeit von Qualität, Kundenorientierung und Verkaufsstrategie: Der Einbruch der japanischen Automobilfirmen in den europäischen und amerikanischen Markt basierte auf bedürfnisgerechten Modellen, hoher Qualität und günstigem Preis.
201 Karl Marx, *Resultate*, a.a.O., S. 33.
202 und die er an manchen Stellen auch zu vertreten scheint: »beständig günstigere Umstände für die eine Seite, die Kapitalisten, und beständig ungünstigere für die andre, die Lohnarbeit«, Karl Marx, *Resultate*, a.a.O., S. 148. »Die ganze Entwicklung der modernen Industrie [muss] die Waagschale immer mehr zugunsten des Kapitalisten und gegen den Arbeiter neigen und [...] folglich [ist es] die allgemeine Tendenz der kapitalistischen Produktion, den durchschnittlichen Lohnstandard nicht zu heben, sondern zu senken oder den Wert der Arbeit mehr oder weniger bis zu seiner Minimalgrenze zu drücken.« (Karl Marx, *Lohn, Preis und Profit* [1865], MEW 16, S. 151.) »Das Wachstum der Produktivkräfte im allgemeinen hat die Folgen: a) Dass relativ die Lage des Arbeiters gegen die des Kapitalisten sich verschlechtert, und der Wert der Genüsse relativ. Die Genüsse selbst sind ja nichts als soziale Genüsse, Relationen, Beziehungen. b) Der Arbeiter wird eine immer einseitigere Produktivkraft, die in möglichst wenig Zeit möglichst viel produziert. Die geschickte Arbeit verwandelt sich immer mehr in einfache Arbeit.« (K. Marx, *Aus dem handschriftlichen*

sie durch die Anwendung der Maschinerie und durch kluge »Aufsicht« des Kapitalisten. Die Unterstellung, Kapitalismus sei »Produktion um der Produktion willen«,[204] steht unvermittelt der Analyse gegenüber, er sei »historisch betrachtet« notwendig, »um die Schöpfung des Reichtums als solchen, d. h. der rücksichtslosen Produktivkräfte der gesellschaftlichen Arbeit, welche allein die materielle Basis einer freien menschlichen Gesellschaft bilden können, [...] zu erzwingen«.[205] Der Zusatz »auf Kosten der Mehrzahl« leuchtet nicht ein, wenn wir nicht annehmen wollen, dass die vermehrten und »verwohlfeilten« Waren ausschließlich von Kapitalisten konsumiert werden. Rückwärtsgewandte Beschwörungen der »guten alten Zeiten« verspottet Marx als »Klagelied der Konservativen«.[206]

Nachlass [1849], MEW 6, S. 540f.) – Zu sagen, Marx sei ein »schlechter« Prophet, weil diese Voraussagen nicht eingetreten sind, täte ihm Unrecht. Denn er will kein Prophet sein, sondern die Entwicklungen exakt beschreiben: Trifft eine Voraussage nicht ein, spricht sie gegen seine Theorie.

203 »Steigerung des Geldlohns der Fabrikarbeiter trotz der Verkürzung des Arbeitstags, große Zunahme der Zahl der beschäftigten Fabrikarbeiter, anhaltendes Fallen der Preise ihrer Produkte, wunderbare Entwicklung der Produktivkraft ihrer Arbeit, unerhört fortschreitende Ausdehnung der Märkte für ihre Waren. | Die englischen Fabrikarbeiter, Bergleute, Schiffbauer usw., deren Arbeit relativ hoch bezahlt wird, [stechen] durch die Wohlfeilheit ihres Produkts alle andern Nationen aus, während z. B. den englischen Landarbeiter, dessen Arbeit relativ niedrig bezahlt wird, wegen der Teuerkeit seines Produkts fast jede andre Nation aussticht.« K. Marx, *Lohn, Preis und Profit* (1865), MEW 16, S. 110|119.

204 Karl Marx, *Resultate*, a.a.O., S. 120.

205 Ebd., S. 69. *Die rücksichtslosen Produktivkräfte, welche allein die Basis einer freien menschlichen Gesellschaft bilden können!* »Die Entwicklung der Produktivkräfte der gesellschaftlichen Arbeit ist die historische Aufgabe und Berechtigung des Kapitals.« *Das Kapital III* (1865), MEW 25, S. 269. Und wann ist die »historische Aufgabe« erfüllt?

206 »Toryjeremiade«: *Resultate*, a.a.O., S. 119. – »Um Sympathie zu erregen, musste die Aristokratie scheinbar ihre Interessen aus dem Auge verlieren und nur im Interesse der exploitierten Arbeiterklasse ihren Anklageakt gegen die Bourgeoisie formulieren.« *Manifest* (1848), MEW 4, S. 482f.

5.

Was fehlt, kann mit Marx ergänzt werden. »Überall, wo ein Teil der Gesellschaft das Monopol der Produktionsmittel besitzt, muss der Arbeiter, frei oder unfrei, der zu seiner Selbsterhaltung notwendigen Arbeitszeit überschüssige Arbeitszeit zusetzen, um die Lebensmittel für den Eigner der Produktionsmittel zu produzieren.«[207] Wie kommt es zu dem Monopol? Es erklärt sich nicht aus der ökonomischen Theorie. Sie ist dazu da, den Ursprung des Monopols zu verschleiern: Ursprüngliche Akkumulation. Und dessen Reproduktion: Klassenherrschaft ... Feudales Grundeigentum wird verflüssigt, andere Interventionen zu dessen Gunsten, Geldsystem, Krieg usw.

6.

Lapidar: »Das Geschäft der Münzung [fällt] dem Staat anheim«,[208] klingt, als ob damit keine Interessen verbunden werden. Ebenso: »Staatspapiergeld [...] wächst unmittelbar aus der metallischen Zirkulation heraus. [...] Kreditgeld [besitzt] in der Funktion des Geldes als Zahlungsmittel seine naturwüchsige Wurzel.«[209] Aber warum dann wäre Zwang vonnöten? Oder anders gefragt: Wie sähe die Welt aus, gäbe es diesen Zwang nicht?

7.

»Die Staatsmacht war immer die Macht zur Behauptung der Ordnung, d. h. der bestehenden Gesellschaftsordnung und daher der Unterordnung und Exploitation der produzierenden Klasse durch die aneignende Klasse gewesen.«[210] »Indem also die Bourgeoisie, was sie früher als ›liberal‹

207 K. Marx, *Das Kapital I* (1867), MEW 23, S. 249.
208 Ebd., S. 138.
209 Ebd., S. 141.

94

gefeiert, jetzt als ›sozialistisch‹ verketzert, gesteht sie ein, dass ihr eignes Interesse gebietet, sie der Gefahr des Selbstregierens zu überheben, dass, um die Ruhe im Lande herzustellen, vor allem ihr Bourgeoisparlament zur Ruhe gebracht, um ihre gesellschaftliche Macht unversehrt zu erhalten, ihre politische Macht gebrochen werden müsse; dass die Privatbourgeois nur fortfahren können, die andern Klassen zu exploitieren und sich ungetrübt des Eigentums, der Familie, der Religion und der Ordnung zu erfreuen [sic], unter der Bedingung, dass ihre Klasse neben den andern Klassen zu gleicher politischer Nichtigkeit verdammt werde; dass, um ihren Beutel zu retten, die Krone ihr abgeschlagen und das Schwert, das sie beschützen solle, zugleich als Damoklesschwert über ihr eignes Haupt gehängt werden müsse.«[211]

»[Die] Exekutivgewalt mit ihrer ungeheuern bürokratischen und militärischen Organisation, mit ihrer weitschichtigen und künstlichen Staatsmaschinerie, ein Beamtenheer von einer halben Million neben einer Armee von einer andern halben Million, dieser fürchterliche Parasitenkörper, der sich wie eine Netzhaut um den Leib der französischen Gesellschaft schlingt und ihr alle Poren verstopft, entstand in der Zeit der absoluten Monarchie, beim Verfall des Feudalwesens, den er beschleunigen half. Die herrschaftlichen Privilegien der Grundeigentümer und Städte verwandelten sich in ebenso viele Attribute der Staatsgewalt, die feudalen Würdenträger in bezahlte Beamte und die bunte Mustercharte der widerstreitenden mittelalterlichen Machtvollkommenheiten in den geregelten Plan einer Staatsmacht, deren Arbeit fabrikmäßig geteilt und zentralisiert ist.«[212]

»Industrie und Handel, also die Geschäfte der Mittelklasse,

210 K. Marx, *Bürgerkrieg in Frankreich, Entwurf* (1871), MEW 17, S. 593.
211 K. Marx, *Der achtzehnte Brumaire …* (1852), MEW 8, S. 154.
212 Ebd., S. 196f.

sollen unter der starken [*sic*] Regierung treibhausmäßig aufblühn.«²¹³

»Unsere Leser werden sich erinnern, dass die Franzosen
unter ›anonymer Gesellschaft‹ eine Aktiengesellschaft mit
beschränkter Verantwortlichkeit der Aktionäre verstehen,
und dass die Bildung einer solchen Gesellschaft von einem
Privileg abhängt, das die Regierung ganz nach ihrem Gut-
dünken gewährt.«²¹⁴

»Durch Schutzzölle, Monopole, Staatszwang« verschaffen
sich die Kapitalisten »höhere Preise« als solche »bei freiem
Austausch«.²¹⁵

Von Anfang an spielt der Staat eine Rolle. Beispiele: »Der
Grenzhandel zu Kiachta²¹⁶ z. B. ist tatsächlich und durch
Vertrag Tauschhandel, worin Silber nur ein Wertmaß. Der
Krieg von 1857-58 bestimmte die Chinesen, zu verkaufen,
ohne zu kaufen. Nun erschien das Silber plötzlich als Kauf-
mittel.«²¹⁷ – »Gesetze können ein Produktionsinstrument,
z. B. Land, in gewissen Familien verewigen.«²¹⁸ – »Dekrete,
wodurch die Grundherrn Volksland sich selbst als Privateigentum schenken, Dekrete der Volksexpropriation.«²¹⁹

»Der Ausgangspunkt [*sic*] der Entwicklung, die sowohl den
Lohnarbeiter wie den Kapitalisten erzeugt, war die Knechtschaft des Arbeiters. Der Fortgang bestand in einem Form-

---

213 Ebd., S. 205.
214 Karl Marx, *Crédit mobilier*, erster Artikel (1856), MEW 12, S. 23. Marx
beschreibt Maßnahmen von Kaiser Napoleon III, um die Regierung zum
»Direktor der ganzen mannigfaltigen Industrie Frankreichs zu machen.
Eben das nennen wir kaiserlichen Sozialismus« (S. 24). Alternativ nennt
Marx das System im dritten Artikel zum *Crédit mobilier* »industriellen
Feudalismus« (ebd., S. 34). In den USA vertrat der einflussreiche Ökonom
Henry Charles Carey (1793-1879) das gleiche ökonomische Vorgehen,
nicht gekoppelt ans Kaisertum, sondern an die Republik. Diese Parallelität
von ökonomischem Totalitarismus einmal im Gewande des politischen,
einmal im Gewande des demokratischen finden wir dann in den 1930ern
zwischen europäischem Faschismus und amerikanischem »New Deal«.

wechsel dieser Knechtung, in der Verwandlung der feudalen in kapitalistische Exploitation.«[220] – »Die stoische Seelenruhe, womit der politische Ökonom frechste Schändung des ›heiligen Rechts des Eigentums‹ und gröbste Gewalttat wider Personen betrachtet, sobald sie erheischt sind, um die Grundlage der kapitalistischen Produktionsweise herzustellen ...«[221]

»Das System des öffentlichen Kredits, das heißt der Staatsschulden, dessen Ursprünge wir in Genua und Venedig schon im Mittelalter entdecken, nahm Besitz von ganz Europa während der Manufakturperiode. [...] Der öffentliche Kredit wird zum Credo des Kapitals. [...] Die öffentliche Schuld wird einer der energischsten Hebel der ›ursprünglichen Akkumulation‹. [...] Von ihrer Geburt an waren die mit nationalen Titeln aufgestutzten großen Banken nur Gesellschaften von Privatspekulanten, die sich den Regierungen an die Seite stellten und, dank den erhaltnen Privilegien, ihnen Geld vorzuschießen imstande waren. [...] Da die Staatsschuld ihren Rückhalt in den Staatseinkünften hat, die die jährlichen Zins- usw. Zahlungen decken müssen, so wurde das moderne Steuersystem notwendige [sic] Ergänzung des Systems der Nationalanleihen. Die Anleihen befähigen die Regierung, außerordentliche Ausgaben zu bestreiten, ohne

---

215 Karl Marx, *Die Grundrisse der Kritik der politischen Ökonomie* (1858), MEW 42, S. 431.
216 Durch den »Vertrag von Kjachta« 1727 wurde die sibirische Stadt Knotenpunkt des Tauschhandels zwischen Russland und China; Silberausfuhr war den Russen verboten. | Krieg 1856-60, zweiter Opiumkrieg von England und Frankreich gegen China, endet mit »ungleichen Verträgen«.
217 Karl Marx, *Zur Kritik der politischen Ökonomie* (1859), MEW 13, S. 126.
218 Karl Marx, *Einleitung zur »Kritik der politischen Ökonomie«* (1857), MEW 13, S. 629.
219 Karl Marx, *Das Kapital I* (1867), MEW 23, S. 753.
220 Ebd., S. 743.
221 Ebd., S. 756.

dass der Steuerzahler es sofort fühlt, aber sie erfordern doch für die Folge erhöhte Steuern.«[222]

»Kolonialsystem, Staatsschulden, Steuerwucht, Protektion, Handelskriege usw., die Sprösslinge der eigentlichen Manufakturperiode, schwellen riesenhaft an während der Kinderperiode der großen Industrie.«[223]

»Das Privateigentum des Arbeiters an seinen Produktionsmitteln [sic] ist die Grundlage des Kleinbetriebs, der Kleinbetrieb eine notwendige Bedingung für die Entwicklung der gesellschaftlichen Produktion und der freien Individualität des Arbeiters selbst. Allerdings existiert diese Produktionsweise auch innerhalb der Sklaverei, Leibeigenschaft und andrer Abhängigkeitsverhältnisse. Aber sie blüht [sic] nur, schnellt nur ihre ganze Energie, erobert nur die adäquate klassische Form, wo der Arbeiter freier Privateigentümer seiner von ihm selbst gehandhabten Arbeitsbedingungen ist, der Bauer des Ackers, den er bestellt, der Handwerker des Instruments, worauf er als Virtuose spielt.«[224] Es folgt, das System der kapitalistischen Produktion zerstöre sich selbst durch das »Spiel der immanenten Gesetze«[225] in einem »natürlichen Prozess«.[226] Wie das?: Ursprünglich gewaltsam, dann »natürlich« ... Das sind die immanenten Probleme der marxistischen Theorie, welche den Marxisten Gabriel Kolko (1932-2014) dazu geführt haben, die Geschichte der Monopolisierung des Kapitals in den USA zu Beginn des 20. Jahrhunderts als politischen, nicht wirtschaftlichen Prozess zu beschreiben, d. h. »natürlich« heißt nicht: ohne vorgängige und laufende staatliche Gewalt.[227]

222 Ebd., S. 782ff.
223 Ebd., S. 785.
224 Ebd., S. 789. – Hört, ihr Stalins, Maos, Ches der Welt, *hört!*
225 Ebd., S. 790.
226 Ebd., S. 791. – Gleichwohl scheint die Aktion der »Volksmassen« zur »Expropriation weniger Usurpatoren« *irgendwie* nötig zu sein.

Das nennt Kolko den »politischen Kapitalismus«. Freunde unter Marxisten hat diese Interpretation ihm bloß wenige eingebracht.

Dazu nochmals Gustave de Molinari, »der sanfte,[228] frei-händlerische Vulgärökonom: ›In den [us-amerikanischen] Kolonien, in denen die Sklaverei abgeschafft worden ist, ohne dass man die Zwangsarbeit durch eine entsprechende Menge freier Arbeit ersetzt hätte, sah man das Gegenteil von dem sich abspielen, was sich täglich vor unseren Augen zuträgt. Man sah die einfachen Arbeiter ihrerseits die indus-triellen Unternehmer ausbeuten, indem sie Löhne von ihnen forderten, die in gar keinem Verhältnis stehen zu dem recht-mäßigen [sic] Anteil, der ihnen am Produkt zukäme. Da die Pflanzer außerstande waren, für ihren Zucker einen aus-reichenden Preis zu erhalten, um die Steigerung der Löhne decken zu können, waren sie genötigt, den Mehrbetrag zu-nächst aus ihren Profiten, darauf aus ihren Kapitalien selbst zu decken.‹«[229] Hört man da nicht den »sanften«, aber nachdrücklichen Ruf, die ausgebeuteten Kapitalisten durch staatliche Intervention zu schützen? Marx spricht ironisch vom »antikapitalistischen Krebsschaden« der Kolonien.[230] Weiter beschreibt Marx, wie vom Staat gesetzte künstliche Preise Fonds schaffen, Krieg und Bürgerkrieg die Staats-schuld aufblähen, an denen private Finanziers verdienen.

Der Staat ist allgegenwärtig, keineswegs bloß ein »Nacht-wächter«, unter dessen »sanften« Augen böse Kapitalisten anarchisch wüten. »Autoritatives Eingreifen zur Herstellung der Ordnung! Das ist wörtlich der Jargon der ›Heiligen Al-

227 Vgl. Gabriel Kolko, *The Triumph of Conservatism: A Reinterpretation of American History, 1900-1916*, New York 1963.

228 Was für eine sanfte, ja fast zärtliche Form der Kritik, wo Marx andern Konkurrenten gegenüber nicht mit drastischen Invektiven geizt.

229 Karl Marx, *Das Kapital I* (1867), MEW 23, S. 798.

230 Ebd., S. 799.

lianz‹ und klingt von Seiten Englands, mit seiner Verherrlichung des Prinzips der Nichteinmischung, wirklich sehr bemerkenswert. Und warum sind ›die Methoden des Krieges, der Kriegserklärung und alle anderen Gebote des Völkerrechts‹ durch ›ein autoritatives Eingreifen zur Herstellung der Ordnung‹ verdrängt worden? Weil, sagt die ›Times‹, ›in Mexiko keine Regierung besteht‹. Und welches ist das eingestandene Ziel der Expedition? ›Forderungen an die rechtmäßigen Behörden in Mexiko zu stellen.‹«[231] Die Kriegsrhetorik hat seit damals keine Fortschritte gemacht. Ebensowenig die Konkurrenz der Interessengruppen, ein immer größeres Stück vom Kuchen aus dem »Staatssäckel« abzukriegen, wodurch der Staat immer weiter anschwillt: »[Die Regierung] entwickelte [...] sich jetzt zu einem Treibhaus für kolossale Staatsschulden und erdrückende Steuern und wurde vermöge unwiderstehlicher Anziehungskraft ihrer Amtsgewalt, ihrer Einkünfte und ihrer Stellenvergebung der Zankapfel für die konkurrierenden Fraktionen und Abenteurer der herrschenden Klassen.«[232] – »Die zentralisierte Staatsmaschinerie [umstrickt] mit ihren allgegenwärtigen und verwickelten militärischen, bürokratischen, geistlichen und gerichtlichen Organen die lebenskräftige bürgerliche Gesellschaft wie eine *Boa constrictor*. [...] Die Fraktionen und Parteien der herrschenden Klassen, die abwechselnd um die Herrschaft kämpften, sahen die Besitzergreifung (Kontrolle) (Bemächtigung) und die Leitung dieser ungeheuren Regierungsmaschinerie als die hauptsächliche Siegesbeute an. Im Mittelpunkt ihrer Tätigkeit stand die Schaffung ungeheurer

231 Karl Marx, *Die Intervention in Mexiko* (1861), MEW 15, S. 369. – Die Heilige Allianz bezeichnet das reaktionäre Bündnis, das die Monarchen von Österreich, Preußen und Russland nach ihrem Sieg über Napoléon I 1815 abschlossen. (Frankreich trat der Allianz 1818 bei.) Kennzeichnend waren Restauration und militärische Interventionspolitik.
232 Karl Marx, *Der Bürgerkrieg in Frankreich* (1871), MEW 17, S. 336.

stehender Armeen, einer Masse von Staatsparasiten [*sic*] und kolossaler Staatsschulden.«[233]

8.

»Befreiung der Gesellschaft vom Staat.«[234] — »Das Volk brauchte nur [... eine Miliz ...] zu organisieren, um mit dem stehenden Heere Schluss zu machen; das ist die erste ökonomische *conditio sine qua non* für alle sozialen Verbesserungen, um diese Quelle von Steuern und Staatsschulden und diese ständige Gefahr der Regierungsusurpation durch die Klassenherrschaft – der regulären Klassenherrschaft oder der eines Abenteurers, der vorgibt, alle Klassen zu retten – sofort zu beseitigen. Das ist gleichzeitig die sicherste Garantie gegen äußere Aggression, die faktisch den kostspieligen Militärapparat in allen andern Staaten unmöglich [un*nötig*?] macht; das ist die Emanzipation des Bauern von der Blutsteuer und davon, die ergiebigste Quelle für alle staatliche Besteuerung und Staatsschulden zu sein. | [Die Kommune] beginnt die Befreiung der Arbeit – ihr großes Ziel –, indem sie einerseits die unproduktive und schädliche Tätigkeit der Staatsparasiten abschafft, die Ursachen beseitigt, denen ein riesiger Anteil des Nationalprodukts für die Sättigung des Staatsungeheuers zum Opfer gebracht wird.«[235] Nie waren Marx und Bakunin sich so nah, so einig.

9.

»The Transformation of American Law.« — Neben Gabriel Kolko eine wichtige Studie zum staatlichen Einfluss auf die

233 Karl Marx, *Erster Entwurf zum »Bürgerkrieg in Frankreich«* (1871), MEW 17, S. 538 ff.
234 Erich Mühsam (1932). Aufsatzsammlung. Ausgabe mit einem Vorwort von mir: Berlin 1988 (Karin Kramer Verlag).
235 Karl Marx, *Erster Entwurf zum »Bürgerkrieg in Frankreich«* (1871), MEW 17, S. 543|546.

Entwicklung des real existierenden Kapitalismus, diesmal im Bereich des »Rechts«: In jeder neuen wirtschaftlichen Entwicklung gilt es, ein bestimmtes Interesse durch manipulativen Staatseingriff ins Rechtssystem zu befördern; dazu werden Bereiche privaten Handelns reguliert oder völlig okkupiert und in Staatshand übernommen.[236] Als etwa die Eisenbahnen entstanden – die Bedingung dafür war selbstredend der Kapitalismus –, geschah es bisweilen, dass durch Funkenflug Felder in Brand gesetzt wurden. In den USA war wegen des dort praktizierten Gewohnheitsrechts klar, dass der Betreiber der Eisenbahn für den Schaden aufzukommen habe. Dies entspricht auch dem überzeitlichen, überhistorischen und überkulturellen Gerechtigkeitsempfinden. Um sich gegen solche Schäden zu sichern, hätten die Eisenbahngesellschaften Land um die Trassen großräumig aufkaufen müssen. Ein staatliches Gesetz nun kehrte die Verantwortlichkeit um, sodass die Farmer einen Landstrich ihrer Felder um die Eisenbahntrassen räumen mussten.[237]

10.

Wie verbildet und wie un?produktiv ist denn der »ideelle Gesamtkapitalist«. — »Der Unterschied zwischen höherer und einfacher Arbeit, ›skilled‹ und ›unskilled labour‹, beruht zum Teil auf bloßen Illusionen oder wenigstens Unterschieden, die längst aufgehört haben, reell zu sein. [...] Übrigens muss man sich nicht einbilden, dass die sogenannte ›skilled labour‹ einen quantitativ bedeutenden Umfang in der Nationalarbeit einnimmt.«[238] Man kann darüber nicht achselzuckend hinweggehen, seit der Zeit von Marx habe

236 Vgl. Stefan Blankertz, *Das libertäre Manifest: Zur Neubestimmung der Klassentheorie*, Berlin 2012 (edition g. 104), S. 59ff.
237 Vgl. Morton J. Horwitz, *The Transformation of American Law, 1780-1860*, Cambridge 1977, S. 69f, 137f.
238 Karl Marx, *Das Kapital I* (1867), MEW 23, S. 212.

sich das nun halt geändert; denn wenn es sich geändert hat, hat das eine Auswirkung auf seine Theorie des Mehrwerts. Man kann aber sehr wohl fragen, ob die Fetischisierung der »höheren« Arbeit, der Qualifikation, eine im industriellen Fortschritt notwendig gegebene oder durch Klassenkampf von oben erzeugte Tatsache sei: durch Berechtigungswesen etwa, oder durch Bevorzugung der Werte der Mittelschicht, die in der formalen (nicht inhaltlichen) Tatsache begründet ist, dass Schule zum einzigen Eintrittstor in das berufliche Leben gemacht wird. *Cf.* Paul Goodman *etc.*

II.

Mit Marx gegen Marx: Krieg. — Rosa Luxemburg: »Was sonst als Ersparnis der Bauern, des kleinen Mittelstandes aufgeschatzt wäre, um in Sparkassen und Banken das anlagesuchende Kapital zu vergrößern, wird jetzt im Besitze des Staates umgekehrt eine Nachfrage und Anlagemöglichkeit für das Kapital. Ferner tritt hier an Stelle einer großen Anzahl von kleinen zersplitterten und zeitlich auseinanderfallenden Warennachfragen, die vielfach auch durch eine einfache Warenproduktion befriedigt wären, also für die Kapitalakkumulation nicht in Betracht kämen, eine zur großen einheitlichen kompakten Potenz zusammengefasste Nachfrage des Staates. Diese setzt aber zu ihrer Befriedigung von vornherein die Großindustrie auf höchster Stufenleiter, also für die Mehrwertproduktion und Akkumulation günstigste Bedingungen voraus. In Gestalt der militaristischen Aufträge des Staates wird die zu einer gewaltigen Größe konzentrierte Kaufkraft der Konsumentenmassen außerdem der Willkür, den subjektiven Schwankungen der persönlichen Konsumtion entrückt und mit einer fast automatischen Regelmäßigkeit, mit einem rhythmischen Wachstum begabt. Endlich befindet der Hebel dieser automatischen und rhythmischen

Bewegung der militaristischen Kapitalproduktion sich in der Hand des Kapitals selbst – durch den Apparat der par- lamentarischen Gesetzgebung und des zur Herstellung der sogenannten öffentlichen Meinung bestimmten Zeitungswesens. Dadurch scheint dies spezifische Gebiet der Kapitalakkumulation zunächst von unbestimmter Ausdehnungsfähigkeit. Während eine jede andere Gebietserweiterung des Absatzes und der Operationsbasis für das Kapital in hohem Maße von geschichtlichen, sozialen, politischen Momenten abhängig ist, die außerhalb der Willenssphäre des Kapitals spielen, stellt die Produktion für den Militarismus ein Gebiet dar, dessen regelmäßige stoßweise [!] Erweiterung in erster Linie in den bestimmenden Willen des Kapitals selbst gegeben zu sein scheint.«[239]

239 Rosa Luxemburg, *Die Akkumulation des Kapitals* (1913), in: dies., Gesammelte Werke 5, Berlin 1975, S. 409f. – Legendär ihr Wort »Freiheit ist immer Freiheit der Andersdenkenden.«

VII.
Mit Marx gegen die Ideologie der »Arbeitswertlehre«

1.

Was ist das »Transformationsproblem«? Und warum ist es wichtig? — Es ist nach Eugen Böhm von Bawerk und Murray Rothbard *das* hauptsächliche Problem des Marxismus,[240] zu erklären, auf welche Weise aus dem durch die Arbeitszeit bestimmten *Wert* ein durch das Marktgesetz von Angebot und Nachfrage bestimmter *Preis* hervorgehe. Schon Marx selber scheint vom ihm umgetrieben worden zu sein; dann Engels, der aus den Marx'schen Manuskripten posthum den dritten Kapitalband bastelte, um das Problem zu lösen. Die Marxisten beschäftigten sich mit dem Problem bis zu dem Zeitpunkt, da der Marxismus einen derart religiösen Rang erhielt, dass Begründung zweitrangig wurde.

2.

Worum geht es? Die einfache Formel, der Preis einer Ware bestimme sich aus den Preisen der für sie verwendeten Rohstoffe, Maschinen und Arbeit, überzeugt nur vordergründig, erklärt nichts. Denn wie kommen die Preise der Rohstoffe usw. zustande? Aber auch die Reduktion aller Preise auf die Arbeit, weil doch die Rohstoffe nur durch Arbeit verfügbar, die Maschinen selber Produkte der Arbeit seien, führt kein bisschen weiter. Denn was bestimmt den Preis der Arbeit? Die Erklärung dreht sich im gleichen Kreis. David Ricardo nun geht einen Schritt darüber hinaus: Es sei die »Menge«, in diesem Falle die *Zeit*, der Arbeit, die eine Ware mit Wert ausstatte. Anders gesagt: Unterschiedliche Werte der Waren

---

240 *An Austrian Perspective on The History of Economic Thought* (1995), Band 2, Kapitel 13. Rothbard stützt sich auf Eugen Böhm-Bawerk und baut dessen Argumentation aus.

lassen sich auf die unterschiedlichen Zeiteinheiten, *Quanta*, der auf sie verwendeten Arbeit zurückführen; Marx wird es so formulieren: In den Waren seien bestimmte Quanta von Arbeit *vergegenständlicht*. Ricardo schmuggelte hier einen Begriff neben dem des Preises ein, den Begriff des Wertes. Der Wert einer Ware, folglich das in ihr vergegenständlichte Quantum Arbeit, muss nicht unbedingt auch ihr Preis sein, denn auf das Austauschverhältnis zweier Waren wirkt nicht (vielleicht nicht einmal hauptsächlich) das in ihnen jeweils vergegenständlichte Quantum von Arbeit, sondern es gibt darüber hinaus weitere Faktoren. Dies wird sehr schnell klar, wenn wir zwei Gegenstände haben, von denen der eine etwa ein begehrtes »Lebensmittel« ist, der andere dementgegen ein nutzloser, von niemandem begehrter Roman, auf dessen Herstellung jedoch genauso viele Quanta verwendet wurden wie aufs iPhone. Dinge tauschen sich nur aus, erzielen einen Preis bloß, realisieren ihren Wert erst, wenn sie einen Ge-brauchswert haben.[241] Der Gebrauchswert eines beliebigen Dings hängt in keiner Weise mit der Zeit zusammen, die man zur Herstellung desselben verwendet. Jedoch nicht nur das ist ein Problem in der Theorie von Ricardo. Denn was ist der Wert eines Quantums Arbeit, einer Arbeitsstunde, eines Arbeitstags, einer Arbeitswoche, eines Arbeitsmonats? Für Marx liegt die Antwort auf der Hand: Wert eines Quantums Arbeit ist das Quantum Arbeit, das nötig ist, um die Arbeit zu erhalten; wie er sagt: zu *reproduzieren*.

Gesetzt, die Zeit, in der die Menge an Nahrung, Wohnraum usw. usf. produziert werden kann, die ein Arbeiter an einem Tage braucht,[242] betrage 4 Stunden. Um eine Ware, z. B. ein

241 »Der Wert ist bestimmt durch die objektivierte [*sic*] Arbeitszeit, in welcher Form auch immer. Es hängt nun aber von dem Gebrauchswert ab, worin er realisiert ist, ob dieser Wert realisierbar ist.« Karl Marx, *Grund-risse der Kritik der politischen Ökonomie* (1858), MEW 42, S. 431. *Dass der*

Paar Schuhe, zu produzieren, braucht's neben unmittelbarer Arbeit des Arbeiters, der, mit Marx ausgedrückt, *lebendigen Arbeit*, selbstredend auch noch: Rohstoffe, Maschinen usw., die sich der Theorie von Ricardo zufolge alle wiederum in Arbeitsquanten zerlegen lassen müssen, in schon geleistete Arbeit; Marx wird hierbei Adam Smith getreu vom »fixen Kapital« sprechen. – Nehmen wir an, eine Analyse ergebe, dass das Paar 2 Stunden an Rohstoffen wie Leder usw., Handwerkszeug usw. in sich »vergegenständlichen« würde. Der Einfachheit halber nehmen wir nun ferner an, in 4 Stunden Arbeitszeit fertige der Arbeiter genau 1 Paar Schuhe, das somit 6 Stunden Arbeitszeit aufgesaugt hätte. Nun arbeitet der Arbeiter allerdings nicht 4, sondern 8 Stunden. Er produziert ein zweites Paar Schuhe, in welchem dann ebenfalls 2 Stunden an Rohstoffen usw. verarbeitet sind. Die Arbeitskraft des Arbeiters ist schon mit 4 Stunden reproduziert. Die lebendige Arbeit des zweiten Paares, d.h. der Gegenwert von 4 Stunden, fließt an den Besitzer der Schuhmanufaktur als arbeitsloses Einkommen, als – gemäß Marx – »Mehrwert«. Wie es möglich ist, dass der Besitzer die beiden Paar Schuhe zum Gegenwert von jeweils 6 Stunden verkaufen kann, fragt Marx nicht, weil Ricardo es nicht problematisiert. Doch der Besitzer hat für die 2 Paare bloß 8 Stunden bezahlt, könnte das Paar mithin zum Gegenwert von 4 Stunden verkaufen. Dieses Problem muss hier zurückgestellt werden,[243] um das Hauptproblem in Angriff zu nehmen. Stellen wir lediglich fest: Marx geht Ricardo auf den Leim, der Wert lasse sich als Preis realisieren, sofern für den produzierten Gegenstand ein Gebrauchswert, ein Bedarf bestehe.

Arbeitswert sich im Tauschwert (Preis) realisiert, hängt vom Gebrauchswert ab, die *Höhe* dieses Preises aber nicht? Welch absonderliche Chemie!
242 Zum Problem, was der Arbeiter »braucht«, siehe These IV.3.
243 Zu diesem Problem siehe These IV.7.

»Mehrwert« oder »Profit« macht der Besitzer ergo ausschließlich mit dem lebendigen Kapital, mit der unmittelbaren Arbeitskraft. Für alle anderen Dinge, die in ein Produkt einfließen wie Rohstoffe usw., muss er den genauen
Gegenwert blechen, nur bei der Arbeitskraft kann er mehr
kriegen, als ihre Reproduktion kostet. Verhielte es sich so,
sollten Gewinne in Geschäftszweigen mit *viel* lebendigem
Kapital relativ zum Einsatz von Rohstoffen und Maschinen
höher sein als dort, wo viel Rohstoff und *wenig* Arbeit ge-
braucht wird. & das Interesse der Besitzer, der Kapitalisten,
müsste dahin gehen, dass sie ein solches für sie günstiges
Verhältnis anstreben. Dies ist aber nicht der Fall. Der Druck
des Kapitalismus bewirkt, wie Marx es unschwer realisieren
konnte, Werkzeuge zu nutzen – mithin Muskelkraft durch
Maschinen zu ersetzen. Warum? Weil nur Maschinen die
Arbeit produktiver werden lassen. Nehmen wir an, eine
neue Maschine würde dem Arbeiter der Schuhmanufaktur
helfen, 4 statt 2 Paare Schuhe am Tage zu produzieren. Die
größere Masse von Waren, die sich mit Hilfe der Maschinen
produzieren lässt, führt, dem Gesetz von Angebot & Nachfrage gehorchend, zur »Verwohlfeilung« der Waren.[244] Je
mehr Maschinerie das Kapital einsetzt, um so geringer ist
der Anteil von lebendigem Kapital und um so geringer der
Mehrwert. Dieser »tendenzielle Fall der Profitrate«,[245] den
der Marxismus nicht als Prophetie, sondern als Gesetz des

---

244 Auch hier wird klar, dass die Senkung der Preise für Konsumgüter und
deren Verfügbarmachung für weite Kreise der Bevölkerung eine Leistung
des Kapitals, nicht eine der Arbeit ist. Vgl. These VI.4.
245 Karl Marx, *Das Kapital III* (1865), MEW 25, S. 221 ff.
246 Ernest Mandel (*Der Spätkapitalismus*, Frankfurt/M. 1972) legt Zahlen
vor, die seine These widerlegen. Die »Mehrwertrate« der USA 1904 bis
1966 schwankt, um dann steil zu steigen (S. 163). Die »Nettoprofitrate« in
England ist 1950 bis 1964 stabil, sinkt dann in den 1960er Jahren (S. 167),

Kapitalismus annimmt, stimmt nicht mit der Wirtschafts-
geschichte überein.[246] Indessen, auch dieses Problem über-
gehen wir hier, um zu des Pudels Kern vorzudringen.

4.

Denn unterschiedliche Mehrwert- bzw. Profitraten, die sich
an der sog. »organischen« Zusammensetzung des Kapitals
orientieren, gibt es in den einzelnen Industriezweigen nicht;
Marx hat das gar nicht behauptet. Vielmehr gleicht sich das
return on investment zwischen den Industrie- und Geschäftszweigen aus. Wie das? Es ist offensichtlich, dass Marx mit
diesem Problem ringt, seine Lösung in dem ersten Band des
»*Kapitals*« für später ankündigt, Skizzen verfertigt, jedoch
keine bis zu einer Druckreife entwickelt. Posthum publiziert
Friedrich Engels 1894 diese Skizzen, die aus dem Jahre 1865
stammten, als den dritten Band des »*Kapitals*«.

An dieser Stelle nun zahlt sich die so merkwürdige Unterscheidung von *Wert* und *Preis* aus und es kommt überdies
zu einer Unterscheidung von Mehrwert- und Profitrate. Die
Profitraten gleichen die aufgrund unterschiedlicher Kapital-
zusammensetzungen unterschiedlichen »Mehrwertraten«
»durch die Konkurrenz« aus. Die Formel *durch Konkurrenz*
erklärt aber nicht viel, weil keine Erklärung des Mechanismus folgt.[247] Auf jeden Fall weicht der *Preis* der Waren von
ihrem *Wert*, also den in ihnen vergegenständlichten Arbeitsquanten ab. Waren aus Industriezweigen, die einen höheren

wahrscheinlich nicht infolge veränderter organischer Zusammensetzung
des Kapitals, sondern der Streiks, die die Industrie und mit ihr die Arbeiter
in den Ruin trieben. Diese wählten, schließlich entnervt, 1979 Margaret
Thatcher, um das »Gespenst« unter harten Kämpfen zu bannen.
247 Karl Marx, *Das Kapital III* (1865), MEW 25, S. 167. – Ankündigung:
MEW 23, S. 325 und S. 546f. – Alles, was wir zum Mechanismus erfahren,
ist: »... in welcher Weise auch immer dies Resultat [der Ausgleichung der
Profitrate] hervorgebracht worden sei ...« (MEW 25, S. 183).

Anteil von lebendigem Kapital beschäftigen, *kriegen* einen Preis »unter Wert«, diejenigen mit einem niedrigeren Verhältnis an lebendigem Kapital, *bekommen* einen Preis »über Wert«. Die Frage kehrt zurück, warum denn unser Besitzer der Schuhmanufaktur die Schuhe zum »Gegenwert« von 6 Stunden verkaufen kann und nicht durch die Konkurrenz gezwungen ist, sie für 4 Stunden abzugeben. – Wenn Marx als das Sprachrohr von Ricardo auch nicht erwägt, dass die Konkurrenz den Kapitalisten zu *diesem* Schritt bewegt, so bewegt die Konkurrenz auf mirakulöse Art den Kapitalisten jedoch, sich mit anderen Kapitalisten den Mehrwert auszugleichen, also erhält der Eine mehr vom Gesamtkuchen als der Andere; beide müssen damit sich zufrieden geben. Aber warum sie den Kuchen nicht mit den Konsumenten teilen müssen, bleibt weiterhin ein Geheimnis.

Nicht nur das. Da Rohstoffe, Werkzeuge usw. in eine Ware nicht mit ihren »Arbeitsquanta« eingehen, vielmehr schon als Preise, in denen die Mehrwertraten »sich« bereits ausgeglichen haben, verflüchtigt sich die Arbeitswertlehre, wie Claudio Napoleoni am Ende resigniert zugibt.[248]

5.

Warum gibt Marx sich mit dieser lausigen Lösung zufrieden? Weil er keine bessere finden konnte, hat er sie als schweres Erbe den Marxisten hinterlassen, die ebenfalls nicht weiter gekommen sind? Historisch-dialektisch betrachtet bietet sich eine andere Sichtweise. Marx musste das Problem der

---

248 »Wenn das ›Problem der Transformation‹ [...] streng der Richtung folgend, die Marx selbst aufgezeigt hatte, weiterentwickelt wird, so zerstört es sich sozusagen selbst, da man nicht bei der Transformation der Werte in Preise anlangt, sondern bei einer Bestimmung der Preise, die unabhängig ist von den Werten.« C. Napoleoni, *Ricardo und Marx*, Frankfurt/M. 1972, S. 201. Nichts anderes hatte Böhm-Bawerk 1896 festgestellt. – Cornelius Castoriadis, ebenfalls ohne Bezug auf Böhm-Bawerk: Das »Arbeitswert-

Transformation der Werte in Preise nicht lösen, weil es gar nicht *sein* Problem war, sondern das von Ricardo. Bis zum äußersten hat Marx den Widerspruch in Ricardos Lehre entwickelt. Dieser Widerspruch ist nicht nur ein intellektuelles Problem, das nach einer akademischen, womöglich einer mathematischen »Lösung« sucht. Denn in diesem Widerspruch zeigt sich eine Verschleierung des real existierenden Kapitalismus. Es handelt sich nicht um einen »Kapitalismus der freien Konkurrenz«,[249] vielmehr um ein politisches System: Die Dynamik dieses politischen Systems lässt sich nicht mit den Instrumenten klassischer liberaler Theorie erfassen, weil diese stets den Faktor der staatlichen Gewalt, die indirekt als strukturelle den Kapitalismus stets überformt, wegerklärt. Kapitalismus müsste erst noch kommen.

6.

Dialektische Illiberalität 1. — »Abschaffung der Schutzzölle – Sozialismus!, denn sie greift das Monopol der industriellen Fraktion der Ordnungspartei an. Regelung des Staatshaushaltes – Sozialismus!, denn sie greift das Monopol der finanziellen Fraktion der Ordnungspartei an. Freie Einlassung von fremdem Fleisch und Getreide – Sozialismus!, denn sie greift das Monopol der dritten Fraktion der Ordnungspartei an, des großen Grundeigentums. Die Forderungen der Freetrader-Partei, d. h. der fortgeschrittensten englischen Bourgeoispartei, sie erscheinen in Frankreich als ebenso viele sozialistische Forderungen.«[250]

gesetz« gelte »unter keiner [*sic*] Gruppe tatsächlicher [...] Bedingungen«. C. Castoriadis, *Durchs Labyrinth* (1978), Frankfurt/M. 1986, S. 228. Die andere »Lösung« des Transformationsproblems lautet, das Wertgesetz *solle* moralisch gelten, zur Geltung gebracht werden, vgl. Thesen VII.8 ff.
249 Ernest Mandel, *Der Spätkapitalismus*, Frankfurt/M. 1972, S. 171.
250 Karl Marx, *Die Klassenkämpfe in Frankreich von 1848 bis 1850* (1850), MEW 7, S. 88.

7.

Dialektische Illiberalität 2. — »Indem also die Bourgeoisie, was sie früher als >liberal< gefeiert, jetzt als >sozialistisch< verketzert, gesteht sie ein, dass ihr eignes Interesse gebietet, sie der Gefahr des Selbstregierens zu überheben, dass, um die Ruhe im Lande herzustellen, vor allem ihr Bourgeoisparlament zur Ruhe gebracht, um ihre gesellschaftliche Macht unversehrt zu erhalten, ihre politische Macht gebrochen werden müsse; dass die Privatbourgeois nur fortfahren können, die andern Klassen zu exploitieren und sich ungetrübt des Eigentums, der Familie, der Religion und der Ordnung zu erfreuen, unter der Bedingung, dass ihre Klasse neben den andern Klassen zu gleicher politischer Nichtigkeit verdammt werde; dass, um ihren Beutel zu retten, die Krone ihr abgeschlagen und das Schwert, das sie beschützen solle, zugleich als Damoklesschwert über ihr eignes Haupt gehängt werden müsse.«[251]

8.

Marxisten dagegen haben Ricardos Arbeitswertlehre als die Marx'sche für bare Münze genommen und aus dem Widerspruch zwischen »Wert« und Preis geschlossen, *moralisch* geboten sei es, ein System zu schaffen, in dem der Wert den Warenaustausch bestimme und so der »Umweg« über den »Preis« vermieden werde. Das ist die Idee der »Stundenzettel«, der »Arbeitsscheine«, des »Arbeitsgeldes«. Von bürgerlichen, von sozialistischen, von anarchistischen Geldreformern liegen etliche Pläne zu ihrer Realisierung vor; Marx strafte alle ihm bekannten Versionen mit Hohn, und dennoch gelten sie bis heute als marxistisch, obwohl im real existiert habenden Sozialismus das Geld schließlich überall sich durchsetzte.

9.

Dawider Marx: »So verwandelt [der Geldreformer Gray,[252] welcher das Gold durch Zertifikate über in einem Produkt enthaltene Arbeitszeiten ersetzen will] Kapital in National-kapital, das Grundeigentum in Nationaleigentum, und wenn seiner Bank auf die Finger gesehen wird, findet sich, dass sie nicht bloß mit der einen Hand Waren empfängt und mit der andern Zertifikate gelieferter Arbeit ausgibt, sondern die Produktion selbst reguliert.«[253]

10.

Marx *pur.* — »Der Wert (der reale Tauschwert) aller Waren – die Arbeit eingeschlossen – ist durch ihre Produktions-kosten bestimmt, in anderen Worten, durch die Arbeitszeit, die zu ihrer Hervorbringung erheischt wird. Der Preis ist dieser ihr Tauschwert in Geld ausgedrückt. Die Ersetzung des Metallgeldes – und des von ihm seine Denomination erhaltenden Papier- oder Kreditgeldes – durch Arbeitsgeld, das seine Denomination von der Arbeitszeit selbst erhielte, würde also den realen Wert (Tauschwert) der Ware und ihren nominellen Wert, Preis, Geldwert gleichsetzen. Gleich-setzung des Realen Werts und des Nominellen Werts, des Werts und des Preises.

Dies würde aber nur erreicht unter der Voraussetzung, dass Wert und Preis nur nominell verschieden sind. Solches ist aber keineswegs [*sic*] der Fall. Der durch die Arbeitszeit be-stimmte Wert der Ware ist nur ihr Durchschnittswert. Ein

251 K. Marx, *Der achtzehnte Brumaire des Louis Bonaparte* (1852), MEW 8, S. 154
252 John Gray (1798-1850), einer der sog. »*Ricardian socialists*«.
253 Karl Marx, *Zur Kritik der politischen Ökonomie* (1859), MEW 13, S. 68. Diese wenigen Zeilen reichen aus, um den gesamten real existiert habenden Sozialismus mit seinem System des Staatshandels als »unmarxistisch« zu kennzeichnen.

Durchschnitt, der als eine äußerliche Abstraktion erscheint, soweit er als die Durchschnittszahl einer Epoche herausaddiert wird [...], der aber sehr real ist, wenn er zugleich als die Triebkraft und das bewegende Prinzip der Oszillationen erkannt wird, die die Warenpreise während einer bestimmten Epoche durchlaufen. Diese Realität ist nicht nur von theoretischer Wichtigkeit: Sie bildet die Grundlage der kaufmännischen Spekulation, deren Wahrscheinlichkeitsberechnung [sic] sowohl von den mittleren Durchschnittspreisen, die ihr als Zentrum der Oszillation gelten, als von Durchschnittshöhen und Durchschnittstiefen der Oszillation über oder unter dieses Zentrum ausgeht. Von diesem Durchschnittswert der Ware ist ihr Marktwert stets verschieden und steht stets entweder unter oder über ihm. Der Marktwert gleicht sich aus zum Realwert durch seine beständigen Oszillationen. [...] Der Preis unterscheidet sich also vom Wert, nicht nur wie der Nominelle vom Realen; nicht nur durch die Denomination in Gold und Silber, sondern dadurch, dass der letztere als Gesetz [sic] der Bewegung erscheint, die der erste durchläuft. Sie sind aber beständig verschieden und decken sich nie oder nur ganz zufällig und ausnahmsweise. [...]

Die [...] Geldillusion der Stundenzettler besteht darin, dass, indem sie die nominelle Verschiedenheit zwischen Realwert und Marktwert, zwischen Tauschwert und Preis, aufheben – also den Wert statt in seiner bestimmten Vergegenständlichung der Arbeitszeit, *say* Gold und Silber, in der Arbeitszeit selbst ausdrücken –, sie auch den wirklichen Unterschied und Widerspruch zwischen Preis und Wert beseitigen. [...]

Es bedarf [aber] keiner Ausführung, dass der Widerspruch zwischen Tauschwert und Preis – des Durchschnittspreises und der Preise, deren Durchschnitt er ist –, der Unterschied zwischen den Größen und ihrer Durchschnittsgröße, nicht

dadurch aufgehoben wird, dass man den bloßen Namens-
unterschied zwischen beiden aufhebt. [...]

Der Stundenzettel, der die Durchschnittsarbeitszeit repräsentiert, würde nie der wirklichen Arbeitszeit entsprechen
und nie gegen sie konvertibel sein; d.h. die in einer Waren
vergegenständlichte Arbeitszeit würde nie eine sich gleiche
Quantität Arbeitsgeld kommandieren [*sic*] und umgekehrt,
sondern mehr oder weniger, wie jetzt jede Oszillation des
Marktwertes in einem Steigen oder Fallen ihrer Gold- und
Silberpreise sich ausdrückt. [...]

Der Stundenzettel repräsentiert im Gegensatz [*sic*] zu allen
Waren eine ideale Arbeitszeit, die sich bald gegen mehr, bald
gegen weniger der wirklichen austauschte und in dem Zettel
eine abgesonderte, eigene Existenz erhielte, die dieser wirklichen Ungleichheit entspräche. Das allgemeine Äquivalent,
Zirkulationsmittel und Maß der Waren träte ihnen wieder
gegenüber individualisiert, eigenen Gesetzen folgend, entfremdet, d.h. mit allen Eigenschaften des jetzigen Geldes,
ohne seine Dienste zu leisten. Aber die Konfusion würde dadurch eine ganz andre Höhe erhalten, dass das Medium, worin die Waren, diese vergegenständlichten Quanta von Arbeitszeit, verglichen werden, nicht eine dritte Ware, sondern
ihr eignes Wertmaß, die Arbeitszeit, selbst wäre. [...] Weil
[aber] die Arbeitszeit als Wertmaß nur ideal existiert, kann
sie nicht als die Materie der Vergleichung der Preise dienen.
[...] Der Unterschied von Preis und Wert erheischt, dass die
Werte als Preise an einem anderen Maßstab als ihrem eigenen gemessen werden. [...]

Weil die Waren als Werte nur quantitativ voneinander verschieden sind, muss jede Ware qualitativ von ihrem eigenen
Wert verschieden sein. Ihr Wert muss daher auch eine von
ihr qualitativ unterscheidbare Existenz besitzen, und im
wirklichen Austausch muss diese Trennbarkeit zur wirkli-

chen Trennung werden, weil die natürliche Verschiedenheit der Waren mit ihrer ökonomischen Äquivalenz in Widerspruch geraten muss und beide nur nebeneinander bestehen können, indem die Ware eine doppelte Existenz gewinnt, neben ihrer natürlichen eine rein ökonomische, in der sie ein bloßes Zeichen, ein Buchstabe für die Produktionsverhältnisse ist, ein bloßes Zeichen für ihren eigenen Wert. Als Wert ist jede Ware gleichmäßig teilbar; in ihrem natürlichen Dasein ist sie es nicht. Als Wert bleibt sie dieselbe, wie viele Metamorphosen und Existenzformen sie auch durchläuft; in der Wirklichkeit werden Waren nur ausgetauscht, weil sie ungleich sind und verschiedenen Systemen von Bedürfnissen entsprechen. [...]

Die Bank, die die Stundenzettel ausgibt, kauft die Waren zu ihren Produktionskosten, kauft alle Waren, und zwar kostet ihr das Kaufen nichts, als die Produktion von Papierschnitzeln, und gibt dem Verkäufer, anstatt des Tauschwerts, den er in einer bestimmten substantiellen Form besitzt, in andren Worten eine Anweisung auf alle andren Waren zum Belauf desselben Tauschwerts. [...] Die Bank ist der allgemeine Käufer [...], Besitzer der Waren. [...]

Kann nun dieses Geld zirkulieren außerhalb der Bank? anders als zwischen dem Inhaber des Zettels und der Bank? Wodurch ist die Konvertibilität dieses Zettels gesichert? [...] Die Bank wäre also der allgemeine Käufer und Verkäufer. [...] Sie müsste die Arbeitszeit bestimmen, mit der die Waren hervorgebracht werden können [...]. Sie hätte nicht nur die Zeit zu bestimmen, in der ein gewisses Quantum Produkte hervorgebracht werden muss, und die Produzenten in solche Bedingungen zu setzen, dass ihre Arbeit gleich produktiv ist (also auch die Distribution der Arbeitsmittel auszugleichen und zu ordnen), sondern sie hätte die Quanta Arbeitszeit zu bestimmen, die auf die verschiedenen Produktionszweige verwandt werden sollen. Das letztre wäre nötig, da, um den Tauschwert zu realisieren, ihr Geld [*sic*] wirklich konvertibel zu machen, die allgemeine Produktion gesichert werden müsste und in solchen Verhältnissen, dass die Bedürfnisse der Austauschenden befriedigt werden.

Das ist noch nicht alles. Der größte Austausch ist nicht der der Waren, sondern der der Arbeit gegen Waren. [...] Die Arbeiter würden nicht ihre Arbeit an die Bank verkaufen, sondern den Tauschwert für das volle Produkt ihrer Arbeit erhalten etc. Genau dann besehn wäre die Bank nicht nur der allgemeine Käufer und Verkäufer: sondern auch der allgemeine Produzent. In der Tat wäre sie entweder die despotische Regierung der Produktion und Verwalterin der Distribution, oder sie wäre in der Tat nichts als ein *board*, was für die gemeinsam arbeitende Gesellschaft Buch und Rechnung führte. Die Gemeinsamkeit der Produktionsmittel ist vorausgesetzt etc., etc. Die Saint-Simonisten[254] machten ihre Bank zum Papsttum der Produktion. [...]

Das Geld, die gemeinsame Form, worein sich alle Waren als Tauschwerte verwandeln, die allgemeine Ware, muss selbst als besondre Ware neben den andren existieren, da sie nicht nur im Kopf an ihm gemessen, sondern im wirklichen Austausch gegen es ausgetauscht und eingewechselt werden müssen. [...] Das Geld entsteht nicht durch Konvention, sowenig wie der Staat. Es entsteht aus dem Austausch und im

254 Henri de Saint-Simon (1760-1825), begründete die Lehre einer rein auf Arbeitsverdiensten gründenden, vom Staat streng durchorganisierten Gesellschaft. – Die andere Variante, die Bank »nichts als ein *board*, [...] was Buch und Rechnung führt«, wäre, Freiwilligkeit vorausgesetzt, die von Proudhon angedachte. Marx erwähnt das hier wohl nicht aus Nachlässigkeit nicht, sondern weil ihm eine solche Nähe nicht behagte. Eine Nähe von Marx und Proudhon konstatierte Eduard Bernstein (1850-1932), *Die Voraussetzungen des Sozialismus* (1899), Reinbck 1969, S. 166. Der Begründer des »Revisionismus« (Abkehr von der revolutionären Strategie) erblickte in dieser Nähe einen Mangel bei Marx. Vgl. auch Anm. 191, S. 89.

Austausch naturwüchsig, ist Produkt desselben. [...] Dauerhaftigkeit, Unveränderlichkeit, Teilbarkeit und Wiederzusammensetzbarkeit, relativ leichte Transportierbarkeit [...], alles das macht die edlen Metalle besonders geeignet. [...] Die Arbeitszeit selbst existiert als solche nur subjektiv, nur in der Form der Tätigkeit. Insofern sie als solche austauschbar (selbst Ware) ist, ist sie nicht nur quantitativ, sondern qualitativ bestimmt und verschieden,[255] keineswegs eine allgemeine, sich gleiche Arbeitszeit; sondern entspricht als Subjekt ebensowenig der die Tauschwerte bestimmenden allgemeinen Arbeitszeit, wie die besonderen Waren und Produkte ihr als Objekt entsprechen.«[256]

II.

Die Aktualität dieser Passage aus den *Grundrissen der Kritik der politischen Ökonomie* (1858) besteht nicht mehr darin, dass sie »utopische« Geldreformen kritisiert, sondern sich eignet, die Machtergreifung der staatlich zum Geldschöpfen ermächtigten Banken zu analysieren.[257] Sie zeigt, dass die Arbeitswertlehre & die Kritik der anarchischen Produktion nicht Herzstücke der marx'schen Ökonomie sind, vielmehr die Kritik der *politischen* Ökonomie: das heißt der staatlich manipulierten Ökonomie.

255 In »*Die Wirtschaftsrechnung im sozialistischen Gemeinwesen*« (Archiv für Sozialwissenschaft und Sozialpolitik 47 [1920], S. 108) unterstellt Ludwig von Mises, für Marx sei »alle menschliche Arbeit ökonomisch von gleicher Art«. Marx und Mises stehen sich argumentativ näher, als Mises wahrhaben wollte und Marxisten lieb ist.
256 Karl Marx, *Die Grundrisse der Kritik der politischen Ökonomie* (1858), MEW 42, S. 72-103.
257 Murray Rothbard, *The Mystery of Banking*, o. O. 1983. – Auch hierin besteht kein Dissens mit Bakunin. »Vom Geldmonopol ist das Börsenspiel nicht zu trennen.« Michael Bakunin, *Staatlichkeit und Anarchie* (1873), Frankfurt/M. 1972, S. 630.

VIII.
Gegen die Geldillusion: Eine marxistische Verteidigung des Geldes

1.

Moralin. — Besonders beliebt sind Bezugnahmen auf die angeblich ach so »humane« Kritik des *frühen* Marx am Geld und an dessen entfremdender Wirkung. Darum hier eine nicht ganz so humane *antisemitische* Auslegung dieser Geldkritik. »Suchen wir das Geheimnis des Juden nicht in seiner Religion, sondern suchen wir das Geheimnis der Religion im wirklichen Juden. Welches ist der weltliche Grund des Judentums? Das praktische Bedürfnis, der Eigennutz. Welches ist der weltliche Kultus des Juden? Der Schacher. Welches ist sein weltlicher Gott? – Das Geld. – Nun wohl! Die Emanzipation vom Schacher und vom Geld, also vom praktischen, realen Judentum wäre die Selbstemanzipation unsrer Zeit. [...] Wir erkennen also im Judentum ein allgemeines gegenwärtiges antisoziales Element. [...] Die Judenemanzipation in ihrer letzten Bedeutung ist die Emanzipation der Menschheit vom Judentum. [...] Ja, die praktische Herrschaft des Judentums über die christliche Welt hat in Nordamerika den unzweideutigen, normalen Ausdruck erreicht, dass die Verkündigung des Evangeliums selbst, dass das christliche Lehramt zu einem Handelsartikel geworden ist, und der bankerotte Kaufmann im Evangelium macht wie der reichgewordene Evangelist in Geschäftchen. [...] Das Geld ist der eifrige Gott Israels, vor welchem kein andrer Gott bestehen darf. [...] Die chimärische Nationalität des Juden ist die Nationalität [*sic*] des Kaufmanns, überhaupt des Geldmenschen.«[258]

Befreit vom Antisemitismus hört sich das dann so an: »Was

258 Karl Marx, *Zur Judenfrage* (1844), MEW 1, S. 372 ff.

durch das Geld für mich ist, was ich zahlen, d.h., was das
Geld kaufen kann, das bin ich, der Besitzer des Geldes selbst.
So groß die Kraft des Geldes, so groß ist meine Kraft. Die
Eigenschaften des Geldes sind meine – seines Besitzers –
Eigenschaften und Wesenskräfte. Das, was ich bin und vermag, ist also keineswegs durch meine Individualität bestimmt. Ich bin hässlich, aber ich kann mir die schönste Frau
kaufen. Also bin ich nicht hässlich, denn die Wirkung der
Hässlichkeit, ihre abschreckende Kraft ist durch das Geld
vernichtet. Ich – meiner Individualität nach – bin lahm,
aber das Geld verschafft mir 24 Füße. [...] Wenn ich mich
nach einer Speise sehne oder den Postwagen brauchen will,
weil ich nicht stark genug bin, den Weg zu Fuß zu machen,
so verschafft mir das Geld die Speise und den Postwagen,
d.h. ...«[259]
Bis dato bedienen die Sätze das gängige antikapitalistische
Klischee, eine säkulare Form des Antisemitismus. Aber will
man daraus wirklich die *humane* Forderung ableiten, dass
der Hässliche keine Chance auf Ausgleich bekommen, dass
der Lahme sich nicht zu einem Restaurant bringen lassen
dürfe? Bei Marx schlägt das Klischee plötzlich um, mögen
wir es *Dialektik* nennen:

2.

»... d.h. [das Geld] verwandelt meine Wünsche aus Wesen
der Vorstellung, es übersetzt sie aus ihrem gedachten, vorgestellten, gewollten Dasein in ihr sinnliches, wirkliches Dasein, aus der Vorstellung in das Leben, aus dem vorgestellten

259 Karl Marx, *Ökonomisch-philosophische Manuskripte* (1844), MEW 40,
S. 564f. (Erstveröffentlichung 1932.) Diese »*Pariser Manuskripte*« spielen
eine Rolle in Marcuses Entfremdungs-Begriff: Im Kapitalismus könne der
Mensch seine Möglichkeiten nicht entfalten. – Marx sah es andersherum:
260 Ebd., S. 565.
261 Karl Marx, *Das Kapitel I* (1867), MEW 23, S. 109.

Sein in das wirkliche [sic] Sein. Als diese Vermittlung ist das Geld die *wahrhaft schöpferische* Kraft.«[260]

In »*Das Kapital*« ist dann von der früheren Dämonisierung des Geldes nichts mehr übrig: »Die Waren werden nicht durch das Geld kommensurabel [vergleichbar]. Umgekehrt. Weil alle Waren als Werte vergegenständlichte menschliche Arbeit, daher an und für sich kommensurabel sind, können sie ihre Werte gemeinschaftlich in derselben spezifischen Ware messen und diese dadurch in ihr gemeinschaftliches Wertmaß oder Geld verwandeln.«[261]

3.

Wert des Goldes. — »Maß der Werte ist das Gold als vergegenständlichte Arbeitszeit.«[262] Dagegen zitiert Marx im »*Kapital*« zustimmend Jakob,[263] der bezweifle, »dass Gold jemals seinen vollen Wert bezahlt hat. Noch mehr gilt dies vom Diamant.«[264] Wenn aber der Goldpreis nicht um seinen Wert »oszilliert«,[265] sondern beständig *über* ihm steht, was sagt das über die Arbeitswertlehre? Und sei der Grund für die Bereitschaft, mehr fürs Gold als sein Äquivalent in Arbeitszeit zu zahlen, dem »Fetischismus«[266] geschuldet, heißt das denn nicht, dass derselbe das »Wertgesetz« aushebeln kann und dieses demnach ganz und gar unbrauchbar für die ökonomische Analyse wird?

4.

Mises? Marx! Die Entstehung und Funktion des Geldes. — 1. Das Geld entsteht nicht durch Konvention. 2. [Eine Bank,

---

262 Karl Marx, *Zur Kritik der politischen Ökonomie* (1859), MEW 13, S. 55.
263 William Jacob (etwa 1762-1851), englischer Kaufmann und Schriftsteller.
264 Karl Marx, *Das Kapital I* (1867), MEW 23, S. 54f.
265 Ebd., S. 557.
266 »Fetischcharakter der Ware und sein Geheimnis.« Ebd., S. 85.

die] Metallgeld (und das von diesem seine Denomination erhaltende Papier- und Kreditgeld) durch »Arbeitsgeld« [Stundenzettel], das seine Denomination von der Arbeitszeit selbst erhielte, [ersetzt], wäre [...] die despotische Regierung der Produktion und Verwalterin der Distribution. 3. Die Bank, die die Stundenzettel ausgibt, kauft die Waren zu ihren Produktionskosten, kauft alle Waren, und zwar kostet sie das Kaufen nichts als die Produktion von Papierschnitzeln. 4. Waren [werden] nur ausgetauscht, weil sie ungleich sind und verschiedenen Systemen von Bedürfnissen entsprechen. 5. [Vom] Durchschnittswert der Ware ist ihr Marktwert stets verschieden und steht stets entweder unter oder über ihm.[267]

5.

»Die notwendigen physischen Eigenschaften der besondern Ware, worin sich das Geldsein aller Waren kristallisieren soll, soweit sie aus der Natur des Tauschwerts unmittelbar hervorgehen, sind beliebige Teilbarkeit, Gleichförmigkeit der Teile und Unterschiedslosigkeit aller Exemplare dieser Ware. Als Materiatur der allgemeinen Arbeitszeit muss sie gleichartige Materiatur sein und fähig, bloß quantitative Unterschiede darzustellen. Die andre notwendige Eigenschaft ist Dauerbarkeit ihres Gebrauchswerts, da sie innerhalb des Austauschprozesses ausdauern muss. Die edlen Metalle besitzen diese Eigenschaften in vorzüglichem Grade. Da das Geld nicht Produkt der Reflexion oder der Verabredung ist, sondern instinktartig im Austauschprozess gebildet wird,[268]

---

267 Die Kernaussagen aus der Passage in These VII.10.

268 Im *Kapital I* heißt es umgekehrt: »Da der Geldmaßstab einerseits rein konventionell ist, andrerseits allgemeiner Gültigkeit bedarf, wird er zuletzt gesetzlich reguliert.« (MEW 23, S. 115.) Zuletzt? *Vorher* war es unnötig? Warum ist es dann, ist es *zuletzt* nötig geworden?

269 Karl Marx, *Zur Kritik der politischen Ökonomie* (1859), MEW 13, S. 35.

haben sehr verschiedene, mehr oder minder unpassende Waren abwechselnd die Funktion des Geldes verrichtet.«[269] »Gold, d. h. die spezifische Ware, die als Maß der Werte und als Zirkulationsmittel dient, wird ohne weiteres Zutun der Gesellschaft Geld.«[270]

6.

Kein Greshamsches Gesetz[271] ohne Intervention: »Wo daher Silber und Gold gesetzlich als Geld, d. h. als Wertmaß nebeneinander bestehen, ist stets der vergebliche Versuch gemacht worden, sie als eine und dieselbe Materie zu behandeln. Unterstellt man, dass dieselbe Arbeitszeit sich unveränderlich in derselben Proportion von Silber und Gold vergegenständlicht, so unterstellt man in der Tat, dass Silber und Gold dieselbe Materie, und Silber, das minder wertvolle Metall, ein unveränderlicher Bruchteil Gold ist. Von der Regierung Edwards III [ab 1327] bis zur Zeit von Georg II [bis 1760] verläuft sich die Geschichte des englischen Geldwesens in eine fortlaufende Reihe von Störungen, hervorgehend aus der Kollision zwischen der gesetzlichen [sic] Festsetzung des Wertverhältnisses von Gold und Silber und ihren wirklichen Wertschwankungen. Bald war Gold zu hoch geschätzt, bald Silber. Das zu niedrig geschätzte Metall wurde der Zirkulation entzogen [sic], umgeschmolzen und exportiert. Das Wertverhältnis beider Metalle wurde dann wieder gesetzlich verändert, aber der neue Nominalwert trat bald mit dem wirklichen Wertverhältnis in denselben Konflikt wie der alte.«[272]

270 Ebd. S. 102.
271 Von u. a. Thomas Gresham (1519-1579), einem Höfling, formulierte Gesetzmäßigkeit, nach welcher schlechtes Geld gutes Geld verdränge. Die Gesetzmäßigkcit gilt bloß, wenn das »schlechte« Geld gesetzlich höher bewertet wird als seinem Marktwert entspricht.
272 Karl Marx, *Zur Kritik der politischen Ökonomie* (1859), MEW 13, S. 58f.

Inflation. —»Die Einmischung des Staats, der das Papiergeld
mit Zwangskurs ausgibt – und wir handeln nur von dieser Art
Papiergeld –, scheint das ökonomische Gesetz aufzuheben.
Der Staat, der in dem Münzpreis einem bestimmten Gold-
gewicht nur einen Taufnamen gab, und in der Münzung nur
seinen Stempel auf das Gold drückte, scheint jetzt durch die
Magie seines Stempels Papier in Gold zu verwandeln. Da die
Papierzettel Zwangskurs haben, kann niemand ihn hindern,
beliebig große Anzahl derselben in Zirkulation zu zwängen.
[...] Indes ist diese Macht des Staats bloßer Schein. Er mag
beliebige Quantität Papierzettel mit beliebigen Münznamen
in die Zirkulation hineinschleudern, aber mit diesem mecha-
nischen Akt hört seine Kontrolle auf. Von der Zirkulation
ergriffen, fällt das Wertzeichen oder Papiergeld ihren immanenten Gesetzen anheim. [...] In demselben Maß, worin sich
die Gesamtsumme der Wertzeichen vermehrt hätte, hätte
sich das Quantum Gold, das jedes einzelne repräsentiert,
vermindert. Das Steigen der Preise wäre nur die Reaktion des
Zirkulationsprozesses, der die Wertzeichen gewaltsam dem
Quantum Gold gleichsetzt, an dessen Stelle sie zu zirkulieren
vorgeben. In der Geschichte der englischen und französischen Geldfälschungen durch die Regierungen finden wir
wiederholt, dass die Preise nicht in dem Verhältnis stiegen,
wie die Silbermünze verfälscht wurde.«[273]

»Die provisorische Regierung gab [...] den Noten der Bank
Zwangskurs. Sie tat mehr. Sie verwandelte alle Provinzial-

---

273 Karl Marx, *Zur Kritik der politischen Ökonomie* (1859), MEW 13, S. 98 f.
Hier scheint es so, als sei Inflation neutral. Da den inflationierenden Staat
bzw. die von ihm ermächtigte Bank das Kaufen aber »nichts kostet« (vgl.
These VII.10), handelt es sich um *Aneignung fremder Arbeitsleistungen*. Bei
einer Kreditexpansion kaufen Staat, die von ihm ermächtigten Banken u. a.
Erstbesitzer zu *alten* Preisen. Spätere Besitzer müssen dagegen *angepasste*
Preise zahlen. Der Preis dafür ist Krise, denn die Inflation begünstigt den

banken in Zweiginstitute der *Banque de France* und ließ sie ihr Netz über ganz Frankreich auswerfen. Sie versetzte ihr später die Staatswaldungen als Garantie für eine Anleihe, die sie bei ihr kontrahierte. So befestigte und erweiterte die Februarrevolution [1848] unmittelbar die Bankokratie, die sie stürzen sollte.«[274]

8.

Gegen Keynes und Haushaltsdefizit und Staatsausgaben. — »Ein berüchtigter Gauner des gesegneten [*sic*] Viertels von St. Giles in London erschien vor den Assisen.[275] Er war angeklagt, den Koffer eines berüchtigten Geizhalses der City um 2 000 Pfund Sterling erleichtert zu haben. ›Meine Herren Geschwornen‹, begann der Angeklagte, ›ich nehme Ihre Geduld nicht für lange Zeit in Anspruch. Meine Verteidigung ist nationalökonomischer Natur und sie wird ökonomisch mit den Worten umgehen. Ich habe dem Herrn Cripps 2 000 Pfund Sterling genommen. Nichts sicherer als das. Aber ich habe einem Privatmann genommen, um dem Publikum zu geben. Wo sind die 2 000 Pfund Sterling hingekommen? Habe ich sie etwa egoistisch an mir gehalten? Durchsuchen Sie meine Taschen. Wenn Sie einen Pence finden, verkaufe ich Ihnen meine Seele um einen Farthing. Die 2 000 Pfund, Sie finden sie wieder bei dem Schneider, dem Shopkeeper, im Restaurant usw. Was habe ich also getan? Ich habe ›nutzlos liegende Summen, die nur durch eine Zwangsanleihe‹ dem Grabe des Geizes zu entreißen waren,

---

Konsum – in der Form von z.B. Militärausgaben u.a. Staatsausgaben – zuungunsten der Produktion, sodass die *relativen* Preise noch stärker steigen. Die Bewegung *absoluter* Preise wird demgegenüber von der Entwicklung der Produktivkräfte bestimmt.
274 Karl Marx, *Die Klassenkämpfe in Frankreich von 1848 bis 1850* (1850), MEW 7, S. 24.
275 Geschworenengericht.

>in Zirkulation gesetzt<. Ich war ein Agent der Zirkulation, und die Zirkulation ist die erste Bedingung des Nationalreichtums. Meine Herren, Sie sind Engländer! Sie sind Ökonomen! Sie werden einen Wohltäter der Nation nicht verurteilen!< Der Ökonom von St. Giles sitzt in [der englischen Sträflingsinsel] Vandiemensland und hat Gelegenheit, über die verblendete Undankbarkeit seiner Landsleute nachzudenken. Aber er hat nicht umsonst gelebt. Seine Prinzipien bilden die Grundlage der Zwangsanleihe Hansemanns.[276]

>Die Zulässigkeit der Zwangsanleihe<, sagt [der Minister] Hansemann[277] in den Motiven zu dieser Maßregel, >beruht auf der gewiss begründeten Voraussetzung, dass ein großer Teil des baren Geldes in den Händen von Privatpersonen in kleinern oder größern Summen nutzlos liegt und nur durch eine Zwangsanleihe in Zirkulation gesetzt werden kann.<

Wenn ihr ein Kapital verzehrt, bringt ihr es in Zirkulation. Wenn ihr es nicht in Zirkulation bringt, verzehrt es der Staat, um es in Zirkulation zu bringen. [...] Wir werden die Zirkulation zwangsweise herstellen!, ruft [Minister] Hansemann aus. Warum lässt der Fabrikant auch sein Geld nutzlos liegen? Warum lässt er es nicht zirkulieren? Wenn schönes Wetter ist, zirkulieren viele Leute im Freien. Hansemann treibt die Leute ins Freie, zwingt sie zu zirkulieren, um das schöne Wetter herzustellen. Großer Wetterkünstler! Die ministerielle und kommerzielle Krise raubt dem Kapital der bürgerlichen Gesellschaft die Zinsen. Der Staat hilft ihr wie-

---

276 Die Vorgabe bestand darin, dass 15 Millionen Taler »freiwillig« und mit 5 Prozent Verzinsung gezeichnet werden; falls dieses Ziel nicht erreicht werde, drohte das preußische Finanzministerium mit einer Zwangsanleihe zu nur 3½ Prozent Zinsen.

277 David Hansemann (1790-1864), rheinischer Großindustrieller, 1848 »liberaler« preußischer Finanzminister.

278 Karl Marx, *Der Gesetzentwurf über die Zwangsanleihe und seine Motivierung* (1848), MEW 5, S. 262f.

der auf die Beine, indem er auch das Kapital wegnimmt.«[278]
Keynes[279] ward entlarvt, noch bevor er seine krude Theorie
entwickelte.

Und noch einmal, für Zeitgenossen, die es schwer haben zu
kapieren, erklärte Marx es geduldig: »[Aus der ›Kölnischen
Zeitung‹.] ›Es steht zu erwarten, dass diejenigen, welche
sich bis jetzt nicht an dieser Staatsanleihe beteiligt haben, in
den nächsten zehn Tagen ihre Pflicht als Staatsbürger erkennen und erfüllen werden, um so mehr, da ihr eigner Vorteil
ihnen wohl raten muss, ihr Geld lieber vor dem 10. August
zu 5 Prozent, als nach demselben zu 3 ⅓ Prozent herzuleihen.
Insbesondere ist es nötig, dass die Landbewohner, die bis
jetzt noch nicht im rechten Verhältnis zu jener Anleihe beigetragen haben, jene Frist nicht versäumen. Wo Patriotismus und richtige Einsicht fehlen, müsste sonst der Zwang
eintreten.‹ Ganze 1 ⅔ Prozent Prämie sind auf den Patriotismus der Steuerpflichtigen gesetzt, und ›trotz alledem und
alledem‹ verharrt der Patriotismus in seinem latenten Zustand! *C'est inconcevable.*[280] 1 ⅔ Prozent Differenz! Kann der
Patriotismus solch klingendem Argument vom 1 ⅔ Prozent
widerstehn? Es ist unsere Pflicht, der geliebten Kollegin dies
wunderbare Phänomen zu erklären. Womit will der preußische Staat nicht 5, sondern nur 3 ⅓ Prozent zahlen? Mit
neuen Steuern. Und wenn die gewöhnlichen Steuern nicht
ausreichen, wie vorherzusehen ist, mit einer neuen Zwangsanleihe. – Und womit die Zwangsanleihe Nr. II? – Mit einer

279 John Maynard Keynes (1883-1946) entwickelte die Idee der vom Staat
finanztechnisch gesteuerten Konjunktur. Durch ein Abgehen vom Gold-
standard und dosierte Inflation, kombiniert mit Staatsausgaben, werde die
Wirtschaft angekurbelt. Seine Idee könne »viel leichter den Verhältnissen
eines totalen Staates angepasst werden« als die des *laissez-faire*, schrieb er
1936 im Vorwort der deutschen Ausgabe seiner »*General Theory*« (zitiert
n. James J. Martin, *Revisionist Viewpoints*, Colorado Springs 1971, S. 204 f).
280 Das ist unfassbar!

Zwangsanleihe Nr. III. Und womit dann die Zwangsanleihe Nr. III? Mit dem Bankerutt. Der Patriotismus gebietet also, den Weg, den die preußische Regierung eingeschlagen, auf jede mögliche Weise nicht mit Talern, sondern mit Protesten zu verbarrikadieren. Preußen erfreut sich ferner schon einer Extraschuld von 10 Millionen Talern für den Hunnenkrieg in Posen.[281] Fünfzehn Millionen Taler freiwilliger Anleihe wären also nur eine Indemnitätsbill[282] für die Intrigen des geheimen Kabinetts von Potsdam, das den Befehlen des schwachen Kabinetts von Berlin entgegen diesen Krieg im Interesse der Russen und der Reaktion führte. Die junkertümliche[283] Konterrevolution ist herablassend genug, sich an bürgerliche und bäuerliche Geldbeutel zu adressieren, die hinterher ihre Heldentaten saldieren sollen. Und die hartherzigen ›Landbewohner‹ widerstehen solcher Herablassung? Das ›Ministerium der Tat‹[284] verlangt ferner Geld für die Konstablerwirtschaft,[285] und ihr besitzt nicht die ›richtige Einsicht‹ in die Segnungen der aus dem Englischen ins Preußische übersetzten Konstablerei? Das ›Ministerium der Tat‹ will euch knebeln, und ihr verweigert das Geld für die Beschaffung der Knebel? Sonderbarer Mangel an Einsicht! Das Ministerium der Tat braucht Geld, um die uckermärkischen Sonderinteressen gegen die deutsche Einheit durchzusetzen. Und die Landbewohner des Regierungsbezirks Köln sind verblendet genug, die Kosten für die Verteidigung der

281 Die Niederschlagung eines Volksaufstandes 1848 gegen die preußische Vorherrschaft in Posen.
282 Entbindung des Ministeriums von der Verantwortung für einen Staatsakt; Straflosigkeit.
283 Junker, meist (aber nicht nur) adelige Großgrundbesitzer im Preußen des 19. Jahrhunderts.
284 So nannte Finanzminister David Hansemann sein Ministerium 1848.
285 1848 Polizeieinheit in Zivil für die Bekämpfung von Volksaufständen in Preußen.

uckermärkisch-pommerschen Nationalität nicht tragen zu wollen, trotz der Prämie von 1⅔ Prozent? Wo bleibt da der Patriotismus?«[286]

9.

»Es gibt keine passendere Einleitung zu Betrachtungen über das preußische Budget pro 1849 als das Budget der nordamerikanischen Freistaaten. Eine Vergleichung beider Budgets zeigt, wie teuer der preußische Bourgeois das Vergnügen bezahlen muss, um von einer gottbegnadeten Regierung beherrscht, von ihren Söldlingen mit und ohne Belagerungszustände malträtiert sowie von einer Schar hochmütiger Beamten und Krautjunker *en Canaille* behandelt zu werden. Zugleich ergibt sich's aber, wie wohlfeil eine mutige, ihrer Macht bewusste und sie zu gebrauchen entschlossene Bourgeoisie ihre Regierung einrichten kann. [...] Während die Amerikaner so närrische Käuze sind, ihr Geld möglichst zum eigenen Glanze und zum eigenen Nutzen zu behalten, fühlen wir uns christlich-germanisch verpflichtet, unsern Glanz, d. h. unser Geld, von uns zu werfen und andere damit glänzen zu lassen. [...] [Der US-Amerikaner] kennt nicht im entferntesten das Glück, den besten Teil der Steuern auf ein Kriegsheer verwenden zu dürfen, das uns in Friedenszeit belagert, malträtiert, verwundet und totschießt – alles zum Ruhm und zur Ehre des Vaterlandes.«[287]

286 Karl Marx, *Die »Kölnische Zeitung« über die Zwangsanleihe* (1848), MEW 5, S. 303 f.
287 Karl Marx, *Das Budget der »Vereinigten Staaten« und das christlich-germanische* (1849), MEW 6, S. 156 ff. – Mit dem amerikanischen Bürgerkrieg 1861 bis 1865 war damit allerdings Schluss. Endgültig mit dem Eintritt in den Ersten Weltkrieg 1917, durch den die USA zum Weltpolizisten aufstiegen. Kostspieliger Militärapparat, Staatsschulden, Blutsteuern, wie von Marx gekennzeichnet (vgl. These VIII.11), wurden zu dem politischen Alltagsgeschäft des us-amerikanischen Staates.

»Die Verschuldung des Staates war vielmehr das direkte Interesse der durch die Kammern herrschenden und gesetzgebenden Bourgeoisfraktion. Das Staatsdefizit, es war eben der eigentliche Gegenstand ihrer Spekulation [*sic*] und die Hauptquelle [*sic*] ihrer Bereicherung. Nach jedem Jahre ein neues Defizit. Nach dem Verlaufe von vier bis fünf Jahren eine neue Anleihe. Und jede neue Anleihe bot der Finanzaristokratie neue Gelegenheit, den künstlich in der Schwebe des Bankerotts gehaltenen Staat zu prellen – er musste unter den ungünstigsten Bedingungen mit den Bankiers kontrahieren. Jede neue Anleihe gab eine zweite Gelegenheit, das Publikum, das seine Kapitalien in Staatsrenten anlegt, durch Börsenoperationen zu plündern, in deren Geheimnis Regierung und Kammermajorität eingeweiht waren. Überhaupt bot der schwankende Stand des Staatskredits und der Besitz der Staatsgeheimnisse den Bankiers wie ihren Affiliierten in den Kammern und auf dem Throne die Möglichkeit, außerordentliche, plötzliche Schwankungen im Kurse der Staatspapiere hervorzurufen, deren stetes Resultat der Ruin einer Masse kleinerer Kapitalisten sein musste und die fabelhaft schnelle Bereicherung der großen Spieler.«[288]

»Unsere Leser wissen aus eigener Erfahrung und merken es an ihrem Geldbeutel, dass alte Finanzmogeleien dem Volk eine Staatsschuld von 800 000 000 Pfd. St. aufgebürdet haben. [...] Das Volk weiß sehr wohl aus Erfahrungen am eigenen Beutel, wie schwer die Staatsschuld auf der Besteuerung lastet. [...] Die Mittel, um diese Gelder zu bezahlen, zieht er in Form von Steuern aus den Taschen der Arbeiterklasse, so dass es also das Volk selbst ist, das seinen Bedrückern als

288 Karl Marx, *Die Klassenkämpfe in Frankreich von 1848 bis 1850* (1850), MEW 7, S. 13.
289 Karl Marx, *Die neue Finanzgaukelei* (1853), MEW 9, S. 43f.

Bürge jenen Leuten gegenüber dienen muss, die ihr Geld herleihen, damit dem Volk der Hals abgeschnitten werden kann.«[289]

II.

Friede. — »Das Volk brauchte nur [... eine Miliz ...] zu organisieren, um mit dem stehenden Heere Schluss zu machen; das ist die erste ökonomische *conditio sine qua non* für alle sozialen Verbesserungen, um diese Quelle von Steuern und Staatsschulden und diese ständige Gefahr der Regierungs-usurpation durch die Klassenherrschaft – der regulären Klassenherrschaft oder der eines Abenteurers, der vorgibt, alle Klassen zu retten – sofort zu beseitigen. Das ist gleichzeitig die sicherste Garantie gegen äußere Aggression, die faktisch den kostspieligen Militärapparat in allen andern Staaten unmöglich [un*nötig*?] macht; das ist die Emanzipation des Bauern von der Blutsteuer u. davon, die ergiebigste Quelle für alle staatliche Besteuerung und Staatsschulden zu sein.«[290]

290 Karl Marx, *Erster Entwurf zum »Bürgerkrieg in Frankreich«* (1871), MEW 17, S. 543f. – Sollte diese Passage nicht ausreichen, den sowjetisch-chinesischen etc. Spuk für unmarxistisch zu erklären?

IX.
Gegen die Bodenillusion: Eine marxistische Verteidigung des Grundeigentums

1.

»»Das Recht der Grundeigentümer leitet seinen Ursprung vom Raub.‹ [Jean-Baptiste] Say.«[291]

»Die sogenannte ursprüngliche Akkumulation des Kapitals bestand [...] in der Expropriation [von den] unmittelbaren Produzenten, d. h. in der Auflösung des auf eigner Arbeit beruhenden Privateigentums.«[292]

»[Der Bauer ist] gezwungen, den größeren Teil seiner Erzeugnisse in Form von Steuern dem Staat, in Form von Gerichtskosten dem Juristenklüngel [...] abzutreten.«[293]

» Staatsinhalt [ist] ökonomische Ausbeutung, das politische Mittel der Bedürfnisbefriedigung. Der Bauer gibt einen Teil seines Arbeitserzeugnisses hin, ohne eine äquivalente Gegenleistung. ›Im Anfang war die Grundrente.‹«[294]

»[Herbert Spencer]: ›Niemand darf das Land in solch einer Weise nutzen, dass er die übrigen daran hindert, es ebenso zu nutzen. Die Gerechtigkeit erlaubt deshalb kein Eigentum am Boden, oder die übrigen [sic] würden auf der Erde nur geduldet leben.‹«[295]

Die Grundrente tritt zunächst auf als der Tribut, den die Eroberer auf den landwirtschaftlich produktiven Bodenbesitz

---

291 Zitiert in: Karl Marx, *Ökonomisch-philosophische Manuskripte* (1844), MEW 40, S. 497. Und: »Die Grundeigentümer lieben wie alle Menschen da zu ernten, wo sie nicht gesät haben. [...] [Adam] Smith.«– Jean-Baptiste Say (1767-1832), radikalliberaler französischer Ökonom und Vertreter der subjektiven Wertlehre.

292 Friedrich Engels, *Anti-Dühring* (1878), MEW 20, S. 123.

293 K. Marx, *Nationalisierung des Grund u. Bodens* (1872), MEW 18, S. 61.

294 Franz Oppenheimer, *Der Staat* (1907), Berlin 1990, S. 46. »Im Anfang ...« steht in Anführungszeichen, als Zitat konnte ich es nicht nachweisen.

295 Zit. in: Karl Marx, *Die indische Frage* (1853), MEW 9, S. 162.

legen. Sodann verwandeln die Eroberer alles »Land« in ihr Eigentum und erheben von der produktiven Arbeit Pacht. Schließlich, wenn personaler Herrscher und abstrakter Staat auseinandertreten, drücken den Bauern Pacht *und* Steuern. Diese Legalität des Eigentums ist Diebstahl,[296] Expropriation. Die Enteignung des legalen Eigentums wäre nicht ein Kommunismus, sondern die wahre Aneignung.

2.

Mit der Bodenfrage hat sich Marx eher am Rande befasst.[297] Die Bauern waren ihm verhasst,[298] weil sie am individuellen Eigentum, an ihrer »Scholle« kleben. In seinem Essay »*Die indische Frage – Das irische Pachtrecht*« (1853) zeigt er sich unfähig, zwischen dem legalen Eigentum, das aus gewaltsamer ursprünglicher Akkumulation hervorgeht, und der Aneignung durch die Produzenten zu unterscheiden; hierin folgt er sowohl allen konservativen Verteidigern des *status quo* als auch allen liberalen Kritikern, die das industrielle Eigentum verteidigten, sich jedoch für die Bodenfrage keine andere Lösung als die »kommunistische« Abschaffung des Grundeigentums denken konnten.

3.

Wie etliche »liberale« Bodenreformer vor und nach ihm,

---

296 Pierre-Joseph Proudhon ... »*La propriété, c'est le vol.*« (Eigentum ist Diebstahl.) Marx höhnte zwar: »Andererseits verwickelte sich Proudhon, da der ›Diebstahl‹ als gewaltsame Verletzung des Eigentums das Eigentum voraussetzt, in allerlei ihm selbst unklare Hirngespinste über das wahre bürgerliche Eigentum.« Karl Marx, *Über P. J. Proudhon* (Offener Brief an J. B. v. Schweitzer, 1865), MEW 16, S. 27. An der von Marx bemühten »Expropriation der Expropriateure« (*Das Kapital I* [1867], S. 790f; als Formel allerdings erst bei Otto Bauer 1919), Enteignung der Enteigner, ist anders aber nur, dass sie das Paradox in Fremdworte packt.
297 Karl Marx, *Die indische Frage – Das irische Pachtrecht* (1853), MEW 9; *Über die Nationalisierung des Grund und Bodens* (1872), MEW 18.

sah Marx das Problem des Grundeigentums darin, Land ungenutzt zu lassen und derart zu verhindern, dass genügend
Nahrung für alle produziert wird.[299] Später sprach man von
»Bodensperre«.[300] Hätte Marx das Thema seiner eigenen
Kapitalismus-Analyse unterzogen, wäre es ihm möglich gewesen, das Argument von der »Bodensperre« als Analogie
zur Illusion der Geldreformer zu begreifen.[301] Wenn in einer
Krise sowohl die in Schwierigkeiten befindlichen Unternehmer als auch die verarmten Konsumenten nach Geld
hungern, so ist es eine Illusion, die Vermehrung des Geldes
brächte Abhilfe. Wonach sie hungern, ist Kapital: Die produktive Struktur der Arbeit, in der Rohstoffe sukzessive zu
Waren werden.[302] Zur Überwindung der Krise das Grundeigentum aufzuheben, setzte voraus, dass erschlossener und
fruchtbarer Boden tatsächlich ungenutzt brach läge oder
wenigstens suboptimal genutzt werde. Eine Situation unge-
nutzten, aber nutzbaren Bodens plus Überschuss an Arbeitskräften ist eng an den Feudalismus gebunden. Da Feudal-
herrn Land per Akklamation – Raub oder Lehen – erhalten,
mag dessen Nutzung für sie eine zweitrangige Sache sein.
Für den Kapitalisten, der den Boden *kauft*, ist dessen Nutzen
existenznotwendig. Wenn er ihn ungenutzt lässt, schmilzt
sein Kapital; bei geliehenem Kapital jagen ihn Gläubiger.
Selbst wenn er den Boden in einen Lustgarten für sich ver-

---

298 Die Bauernschaft bildet die »Klasse, welche innerhalb der Zivilisation
die Barbarei vertritt«. Karl Marx, *Die Klassenkämpfe in Frankreich von 1848
bis 1850* (1850), MEW 7, S. 44.
299 »Der Rückgang der landwirtschaftlichen Produktion, der seine Ursache im individuellen [*sic*] Missbrauch hat, wird unmöglich, sobald die
Bodenbearbeitung unter der Kontrolle, auf Kosten und zum Nutzen der
Nation durchgeführt wird.« K. Marx, *Nationalisierung ...*, MEW 18, S. 60.
300 Franz Oppenheimer.
301 Zu Marx' Kritik der Geldillusion vgl. Thesen VII.10 sowie VIII.7f.
302 Dass die staatliche Vermehrung von Geld nicht nur nicht nutzt, vielmehr schadet, hat Marx erst ansatzweise begriffen.

wandelt, schadet er niemandem,[303] denn im Kaufpreis hat er das Äquivalent dessen hingeblättert, was es braucht, um ein entsprechendes Stück Land zu kultivieren.[304] Als Erbe steht er gewiss unter geringerem Druck, das Land der Vorväter zu nutzen, doch auch dann schmilzt sein Kapital, falls er sich gar nicht darum kümmert. Enteignung kann Eigentümer, die unrechtmäßig Boden besitzen, vom unrechtmäßigen Eigentum trennen und es den rechtmäßigen Eigentümern überantworten. Doch Enteignung steigert, ausgenommen im Fall von Feudaleigentum, nicht die Produktion. Die Produktionssteigerung durch Enteignung ist böse Illusion. Die Produzenten selber, die Bauern, zu enteignen in der Illusion, eine kollektive Bewirtschaftung sei rationeller,[305] hat die größten Hungerkatastrophen in der Menschheitsgeschichte verschuldet.

4.

Marx? Mises! — »Großgrundeigentum und Latifundienbesitz sind nirgends und niemals aus freiem Verkehr hervorgegangen. Sie sind das Ergebnis militärischer & politischer Bestrebungen. Durch Gewalt begründet, konnten sie auch stets nur durch Gewalt aufrechterhalten werden. Sowie die Latifundien in den Tauschverkehr des Marktes einbezogen werden, fangen sie an abzubröckeln, bis sie sich schließlich

303 Die Produktivität des Kapitals bleibt dann gleich. Würde der Boden zur Produktion genutzt, entstünde Mehrwert. Falls Produktionssteigerung das oberste gesellschaftliche Ziel sei, zählte dieser Verlust an Mehrwert allerdings als »Schaden«. Doch das gilt für jeden Konsum. Die staatswirtschaftlichen Projekte haben in der UdSSR, VR China usw. gezeigt, dass die staatsseitig erzwungene Priorität auf Produktion gegenüber dem Konsum eins nicht erzielt – höhere Produktivität.
304 In der Marx'schen Begrifflichkeit. Nach Ludwig von Mises müsste es heißen: Der Käufer zahlt max. so viel, wie es ihm wert wäre, jungfräuliches Land zu erschließen oder erschließen zu lassen.
305 Das Grundeigentum »mit seiner Bearbeitung zersplitterter Flächen

ganz auflösen. Wirtschaftliche Gründe haben *weder* bei ihrer Entstehung *noch* bei ihrer Erhaltung mitgespielt. Die großen Latifundienvermögen sind nicht aus der wirtschaftlichen Überlegenheit des Großbesitzes entstanden, sondern durch gewaltsame Aneignung außerhalb des Tauschverkehrs.«[306] Wenn dies empirisch auch so ist, wäre es nicht dennoch denkbar, dass ein Bodenmonopol auf dem Markt entsteht? Dies wäre nur dann denkbar, wenn ein einzelner Grundeigentümer – eine Person, eine Gruppe, eine Firma – das Land tatsächlich überall der besten Nutzung zuzuführen versteht. Sobald dieser Grundeigentümer dann aber eine Charakterwandlung vornimmt und seine bösen Absichten offenbart, indem er einen Monopolgewinn zu realisieren versucht, würde seine Marktstellung wieder schrumpfen; es sei denn, *politische* Mittel sichern seine Position ab.

5.

Jede leerstehende Wohnung und jeder unbebaute Flecken in der Stadt sind Anlass zur Forderung nach Enteignung böser Kapitalisten, die zu ihrem Profit die (armen) Menschen von der (freien) Nutzung des Bodens ausschließen.
An dieser Stelle schlägt gnadenlos Bodenillusion zu. Denn Boden oder gar Wohnungen ungenutzt zu lassen, wäre für den Besitzer höchst nachteilig und es steigert seinen Gewinn

schließt [...] jede [*sic*] Anwendung moderner landwirtschaftlicher Verbesserungen aus«. Karl Marx, *Über die Nationalisierung des Grund und Bodens* (1872), MEW 18, S. 61.
306 Ludwig v. Mises, *Die Gemeinwirtschaft* (1932), München 1981, S. 344. Eine unerwartete Parallele zu Michael Bakunin: »Die Reichen sind heute nur deshalb so einflussreich, weil ihnen alle Beamten des Staates huldigen und weil sie gerade vom Staat beschützt werden. Sobald diese Stütze ihnen fehlt, wird ihre Macht verschwinden.« M. Bakunin, *Das knutogermanische Kaiserreich* (1871), in: Michael Bakunin, *Staatlichkeit und Anarchie und andere Schriften*, Frankfurt/M. 1972, S. 249. Marx – Bakunin – Mises: Ein Dreieck verpasster Chancen.

sicherlich allein in Sonderfällen.[307] In der Tat kommen Leerstände selten und dann eher kurzzeitig vor.[308] Enteignung von Wohnraum schafft keinen;[309] auf enteignetem Boden entstehen Wohnungen ausschließlich in solchem Falle, dass lebendige Arbeit sie dort baut.

6.

Enteignung konstituiert stets eine neue Eigentümerschaft. Es werde zum Beispiel ein leerstehendes Haus besetzt. Die Hausbesetzer agieren sofort als neue Besitzer. Es kann nicht

307 Wenn es sich um »spekulative« Zurückhaltung handelt, ist dies ein Dienst an der Gesellschaft, weil eine spätere Nutzung höhere Produktivität erzielt. Darum spricht F. A. Hayek davon, die Rationalität der Wirtschaft bemesse sich nach ihrer Fähigkeit, Wissen zu vergesellschaften.

308 Es gibt außerkapitalistische Gründe für Leerstände wie etwa staatliche Bauten, in denen nicht einmal die Ärmsten wohnen wollen (in St. Louis, Missouri, wurde 1972 das Areal Pruitt-Igoe mit ca. 2 800 Sozialwohnungen gesprengt), oder Mietpreisbindungen. Keine Form von Mietpreisbindung schafft auch bloß einen Quadratmeter mehr Wohnraum. Jede Form von Mietpreisbindung führt zu weniger Neubauten & weniger Mietangeboten (aufgrund von Eigennutzung, Umwandlung in Eigentumswohnungen, Verfall, Bankrott der Eigentümer), zu Korruption sowie zu Diskriminierung. Auch bei der Forderung nach »bezahlbaren Mieten« herrscht die Bodenillusion. Wenn Mietpreise der Stadtzentren im Gegensatz zur Provinz hoch liegen, ist es Ausdruck davon, dass dort nicht alle Menschen, die es wollen, derzeit Platz finden. Administrative Eingriffe könnten diesen Platz zwar anders verteilen, nicht aber Platz für mehr Menschen schaffen.

309 Um die Wohnungsnot in Moskau in den 1920er und 1930er Jahren zu lindern, hat man das Rezept von Friedrich Engels probiert. Wie sei der Wohnungsnot »sofort« abzuhelfen?, fragt er und antwortet: »Dies kann natürlich [sic] nur durch Expropriation der heutigen Besitzer resp. durch Bequartierung ihrer Häuser mit obdachlosen oder in ihren bisherigen Wohnungen übermäßig zusammengedrängten Arbeitern geschehen, und sobald das Proletariat die politische Macht erobert hat, wird eine solche, durch das öffentliche Wohl gebotene Maßregel ebenso leicht ausführbar sein wie andere Expropriationen und Einquartierungen durch den heutigen Staat.« Friedrich Engels, *Zur Wohungsfrage* (1873), MEW 18, S. 226f; »natürlich« hat dies nicht zur Linderung der Wohnungsnot beigetragen, sondern zu unhaltbaren Zuständen.

eine beliebige andere, weitere Person kommen und dort ebenfalls wohnen wollen, ohne dass die Hausbesetzer = Besitzer dem zustimmen. Und ein Hausbesetzer, der zeitweilig das Haus verlässt – etwa um an einer Demo gegen Hausbesitzer teilzunehmen –, baut darauf, dass, wenn er zurückkehrt, sein Platz nicht anderweitig besetzt ist. Die Lücke dessen, der aus dem Haus ganz auszieht, wird nicht eine beliebige Person auffüllen können, sondern eine, über die die verbliebenen Hausbesetzer gemeinsam entschieden haben. Sie können – sofern keine Gewalt sie hindert – auch Miete erheben. Oder, wenn sie das Haus leid sind, es verkaufen. Falls die Käufer das Haus abreißen, um ein neues zu bauen, wandelt sich der Kaufpreis in Grundrente. Die Ex-Besetzer müssten sie zurückerstatten – an wen? Enteignung ist stets ein *vorübergehender* Zustand, in dem einem Eigentümer, den man zu Recht oder Unrecht als nicht legitim ansieht, der Besitz abgenommen sowie durch eine andere Person oder Gruppe übernommen wird. Dies kann durchaus legitim sein, so zum Beispiel wenn die, die den Boden tatsächlich nutzen, Feudal- oder Staatsbesitz sich zu eigen machen.

7.

Franz E. ist Kommunist. Hektisch sucht er um 19:00 nach einem freien Innenstadtparkplatz für sein SUV. Da entdeckt er eine Lücke, doch oh Schreck!, eine kleine gelbe Plakette zeigt an: »Privat.« Franz schimpft über diese Unverschämtheit. Da keine Absperrung das dreiste Eigentum sichert, parkt er ein in der Gewissheit, moralisch im Recht zu sein. Dass der Parkplatz gar nicht frei wäre, wäre er nicht privat und hätten nicht andere Verkehrsteilnehmer genau dies respektiert, kommt ihm nicht in den Sinn. Das ist der rohe, ist bourgeoiser Kommunismus: Egoistischer Kommunismus dominiert unsere Moral.

8.

Zuteilung nach »Bedürftigkeit« schafft Probleme: Wer ent-
scheidet? Was geschieht mit den derzeitigen Nutzern? Das
Ergebnis ist stets die Unterwerfung unter die administrative
Willkür. »Das Eigentum ist die größte revolutionäre Kraft,
die besteht und die sich der öffentlichen Gewalt zu widersetzen vermag. [...] Wo kann man eine Macht finden, die
dieser furchtbaren Macht des Staates die Waage hält? Es gibt
keine andere als die des Eigentums. [...] Man [...] nehme [...]
dem Eigentum den absolutistischen Charakter [...], man le-
ge ihm Bedingungen auf [...]: dann verliert es augenblicklich
seine Kraft, dann hat es kein Gewicht mehr«, um Marxens
Lieblingsfeind anzuführen.[310]

9.

Kritik am Grundeigentum orientiert sich heute nicht mehr
an der Aussage, der Boden werde nicht genügend, sondern
zu sehr ausgebeutet. Natur- & Umweltschutz ist die aktuelle
Losung des Marxismus. Da Grundeigentümer die größte
Nutzung (Rendite) anstreben, werden sie das Land gnadenlos »ausbeuten« und die Natur zerstören. Das Gegenteil
jedoch ist richtig. Denn die Funktion des Eigentums besteht
darin, unerwünschte Nutzung ausschließen zu können. Nur
mit dem Eigentumstitel ist es möglich, Natur zu schützen,
Boden zu erhalten und Land zu verbessern. Eine kurzfristige
Renditesteigerung, die den Boden zerstört, ist den meisten

---

310 Pierre-Joseph Proudhon, *Die Theorie des Eigentums* (1865), zit. n. Aus-
gewählte Texte, hg. v. Thilo Ramm, Stuttgart 1963, S. 272ff. Lieblingsfeind: In der dritten Person von sich notiert Marx zur Neuauflage seiner
gegen Proudhon gerichteten Schrift »*Elend der Philosophie*«: »Übrigens
hat Marx nach dem Tode Proudhons in einem im Berliner ›Social-Demo-
krat‹ veröffentlichten Artikel die großen Qualitäten [*sic*] dieses Kämpfers,
seine männliche [*sic*] Haltung nach den Junitagen 1848 und sein Talent als
politischer Schriftsteller gebührend gewürdigt.« (1880, MEW 19, S. 229.)

Eigentümern fremd. Wer so handelt, verschwindet schnell von dem Markt und macht verantwortungsvolleren Nutzern Platz. Die Rendite muss übrigens nicht eine monetäre sein. Jemand, der ein Eigentümer ist, kann auch ideelle Werte wie Naturschutz und Naturerhaltung als seinen Nutzen sehen. Kollektive Verfügungen über den Boden dagegen haben die Tendenz, kurzfristige und monetäre Werte vor langfristigen und ideellen Werten zu bevorzugen.[311]

10.

Eine andere Regelung als Grundeigentum kann nur durch – gewaltsamen – Eingriff erfolgen. Welche Person, Gruppe oder Institution darf dem Bauern sagen, dass er das Land, das er erschlossen, ererbt oder gekauft hat und bearbeitet, nicht besitzen dürfe? Grundeigentum ist dabei auch nicht wirklich aufhebbar. Veränderbar sind bloß die Regeln der Nutzung des Bodens. Alle anderen Regeln als die libertäre Regel des Sondereigentums erreichen nicht ihr Ziel einer gerechteren Nutzungsverteilung von Land und Ressourcen oder eines notwendigen Schutzes der Natur vor dem Raubbau der Eigentümer, sondern werden zu Unsicherheit, Unfreiheit und zu Reduzierung, wenn nicht gar zu Zerstörung der produktiven Struktur führen. Das Eigentum an Grund und Boden zu bestreiten, bedeutet, die Selbstbestimmung aufzuheben: die Produzenten der Gruppe, der Institution zu unterwerfen, die über das Land verfügt.

Eine Nähe von Marx und Proudhon konstatierte, bedauernd, Eduard Bernstein, *Die Voraussetzungen des Sozialismus* (1899), Reinbek 1969, S. 166.
311 »Die Quecksilber-Belastung erreichte so hohe Werte, dass eine Ausnahmegenehmigung zur Weiterbeschäftigung der [...] Belegschaft eingeholt werden musste. Mangels geeigneter Deponien [...] kippte das Chemiekollektiv [...] hochgiftige Rückstände auch in benachbarte Steinbrüche. [...] Nach einem internen Bericht des Ost-Berliner Umweltministeriums gibt es [...] ›schätzungsweise 3 000 altlastverdächtige Standorte‹. [...]

Gegen Marx mit Marx. — Eine Enteignung von Grundbesitz und die nachfolgende »gesamtgesellschaftliche« Verfügung über das Land mag die Meinung von Marx gewesen sein. Sie ist nicht marxistisch.

Die giftigen Altlasten sind das wohl schwierigste Hindernis auf dem Wege zur deutsch-deutschen Umweltunion.« *Der Spiegel* 23/1990, S. 31.

X.
Karl M. Rothbard oder Murray K. Marx

1.

In der Phase der Formation moderner libertärer Bewegung arbeitete Murray N. Rothbard in den 1960er und 1970er Jahren mit undogmatischen Marxisten zusammen, und das vor allem mit dem Ziel, die imperialistische Kriegspolitik des us-amerikanischen Staates zu bekämpfen.

2.

Mit W. I. Lenin gegen Marx: Für den Kapitalixmus. — »Die marxistische Wendung, ›an die Stelle der Regierung über Personen‹ träte ›die Verwaltung von Sachen‹,[312] lässt sich interessanterweise zu den großen französischen *laissez-faire*-Liberalen des frühen 19. Jahrhunderts [...] zurückverfolgen. [...] Lenin [...] markierte die ›konservativen‹ Stränge in den Schriften von Marx und Engels selbst, die den Staat oft rechtfertigten, westlichen Imperialismus sowie aggressiven Nationalismus; diese ambivalente Haltung der Meister zum Thema ›Staat‹ war für die Mehrheit der Marxisten Grund genug, in das Lager der ›Sozialimperialisten‹ überzugehen. Das Lager von Lenin wandte sich weiter nach ›links‹ als Marx und Engels selbst. Lenin nahm eine entschiedenere revolutionäre Haltung zum Staat ein und verteidigte konsequent Bewegungen der nationalen Befreiung gegen den Imperialismus. Der leninistische Linksruck betraf andere Bereiche auch. Während Marx den Angriff auf den Marktkapitalismus als solchen richtete, lag das Augenmerk Lenins auf dem, was er als das höchste Stadium des Kapitalismus ansah: Imperialismus und Monopole. Deshalb richtete sich

---

312 Weiter: »Der Staat wird nicht ›abgeschafft‹, *er stirbt ab.*« Friedrich Engels, *Anti-Dühring* (1878), MEW 20, S. 262.

der Fokus von Lenin praktisch gesehen auf das Staatsmonopol und den Imperialismus mehr als auf den *laissez-faire*-Kapitalismus.«[313]

3.

In »*War Collectivism: Power, Business, and the Intellectual Class in World War I*«[314] analysiert Rothbard, dass in der Zeit des Ersten Weltkriegs nicht nur die von »antikapitalistischer Mentalität«[315] infizierte Schicht der intellektuellen und politischen Klasse den Krieg zum Ausbau staatsinterventionistischer Wirtschaftsstrukturen nutzte, sondern dass dies im Einvernehmen und mit tatkräftiger Unterstützung der Großindustrie und weiterer Kreise der Wirtschaft geschah. Konservative und neoliberale »Kritiker« des Staates realisieren nicht, dass neben den von ihnen am meisten verachteten Intellektuellen und über sie hinaus Wirtschaftsvertreter den eigentlichen Antrieb der Verstaatlichung darstellen; somit wird ihre Kritik zur bloßen Ideologie.

4.

Das Sein bestimmt das Bewusstsein. — Aus Ideologie werde Kritik. In dem fulminanten, mit Leonard Liggio verfassten ersten Band von »*Conceived in Liberty*«,[316] der 4-bändigen »Geschichte der Amerikanischen Revolution«, beschreibt Rothbard unter dem Titel »*Economics Begins to Dissolve the Theocracy*«, wie die Ökonomie des *freien* Handels die theo-

313 Murray Rothbard, *Left and Right* (1965), San Francisco 1979, S. 11 ff.
314 Unter dem Titel sind ein Text aus dem Jahre 1972 und einer aus dem Jahre 1986 von Rothbard zusammengefasst, Auburn 2012.
315 Ludwig von Mises, *The Anti-Capitalist Mentality* (1956), Grove City 1994.
316 Murray Rothbard und Leonard Liggio, *Conceived in Liberty, Volume I: A New Land – A New People – The American Colonies in the Seventeenth Century*, New Rochelle 1975.

kratischen Versuche auflösen, Monopole, Lohn- und Preis-kontrollen, und subventionierte Produktion zu errichten.[317] Ein Schelm, der hier an Engels' Formel vom »Absterben« des Staates denkt, »*withering away*«.[318]

5.

»Das eifrige Bündnis zwischen Staat und Intellektuellen wurde durch den dringenden Wunsch der Professoren an der Universität zu Berlin im 19. Jahrhundert symbolisiert, sich selber in das zu verwandeln, was sie das ›geistige Leib-regiment des Hauses Hohenzollern‹ nannten.[319] In einer ganz anderen ideologischen Perspektive tritt die gleiche Ein-stellung auf, wenn sich der berühmte marxistische Kenner des alten China, Joseph Needham,[320] aufschlussreich über die beißende Kritik von Karl Wittfogel[321] am chinesischen

317 Diese Darstellung macht auch ein Fragezeichen hinter Max Webers These in »*Die protestantische Ethik und der ›Geist‹ des Kapitalismus*« (1904), der Puritanismus sei die psychologische Grundlage des Kapitalis-mus. In »*An Austrian Perspective on The History of Economic Thought*« (1995, Auburn 2006, Band 1, S. xiif) führt Rothbard Adam Smith' Ent-scheidung für die Arbeitswertlehre statt der bereits von Spätscholastikern entwickelten »subjektiven Preistheorie« auf dessen Calvinismus zurück. David Ricardo, ein zum Quäker konvertierter Jude, sei zwar kein Calvinist gewesen, wohl aber dessen Mentor James Mill. Die späte Wiederbelebung der subjektiven Preistheorie sei eben nicht vom protestantischen Preußen, sondern vom katholischen Österreich ausgegangen.
318 Er möge »den marxistischen Begriff vom ›Absterben des Staates‹«, bemerkt Paul Goodman (*Nur ein altmodisches Liebeslied* [1972], in: *Unter dem Pflaster liegt der Strand*, Band 1, Berlin 1974, S. 138), das linke Gegen-stück zu Rothbard in der Formierungsphase des modernen Libertarianis-mus, das müsse aber »jetzt anfangen, nicht hinterher«.
319 So Emil DuBois-Reymond (1818-1896) 1870 (deutsch-französischer Krieg), deutscher Physiologie-Professor.
320 Joseph Needham (1900-1995), britischer Biochemiker und Sinologe.
321 Karl A. Wittfogel (1896-1988), ein deutsch-amerikanischer Soziologe und Sinologe, der in der Synthese von Karl Marx und Max Weber Ansätze suchte, um die orientalischen Herrschafts- und Produktionsverhältnisse zu beschreiben.

Despotismus empört. Wittfogel hatte gezeigt, wie wichtig für die Stützung des Systems die konfuzianische Verherrlichung des Gelehrten war, der zur regierenden Bürokratie im despotischen China gehörte. Needham wandte entrüstet ein, dass die ›Zivilisation, die Professor Wittfogel so bitter angreift, eine war, die Poeten und Gelehrte zu Beamten machen konnte‹.[322] Was stört der Totalitarismus, solange bloß die herrschende Klasse reichlich mit ausgewiesenen Intellektuellen besetzt ist.‹[323] – Die Pointe steht zwischen den Zeilen: Eigentlich war nicht Joseph Needham, sondern Wittfogel der Marxist, während Needham zwar eine naive Begeisterung für den Kommunismus pflegte, so wie er sich in einigen asiatischen Ländern etablierte, dem marxistische Wissenschaftslogik aber fremd war.

6.

Rothbard? Gramsci! — »Die Suprematie einer gesellschaftlichen Gruppe [äußert sich] auf zweierlei Weise, als ›Herrschaft‹ und als ›intellektuelle und moralische Führung‹. Eine gesellschaftliche Gruppe ist herrschend gegenüber den gegnerischen Gruppen, die sie ›auszuschalten‹ oder auch mit Waffengewalt zu unterwerfen trachtet, und sie ist führend gegenüber den verwandten und verbündeten Gruppen. Eine gesellschaftliche Gruppe kann und muss sogar bereits führend sein, bevor sie die Regierungsmacht erobert. | [Die In-

322 Joseph Needham, *Review of Karl A. Wittfogel's »Oriental Despotism«*, in: Science and Society (1958), S. 65.
323 Murray Rothbard, *Für eine neue Freiheit: Kritik der politischen Gewalt* (1973/78), Band 1: Staat und Krieg, Berlin 2012 (edition g. 102), S. 76.
324 Antonio Gramsci (1891-1937), *Gefängnishefte* (1929-35), Bd. 8 (Hamburg 1998), S. 1947 | Bd. 3 (Hamburg 1992), S. 515.
325 Murray Rothbard, *Für eine neue Freiheit*, Band 1, a.a.O., S. 15.
326 John Calhoun, *A Disquisition on Government* (1848), New York 1953. John C. Calhoun (1782-1850), Vizepräsident der USA zwischen 1825 bis 1832 unter den Präsidenten John Quincy Adams und Andrew Jackson. Er

tellektuellen organisieren] die gesellschaftliche Hegemonie einer Gruppe und ihre staatliche Herrschaft.«[324]

7.

Dialektik. — Rothbard verwirrt durch den Primat der Ökonomie in der politischen Analyse und – Marx ähnlich – den Primat der Politik in der ökonomischen Analyse. Wir verstehen die Dynamik der Politik demnach nicht, wenn wir die ökonomischen Kräfte ignorieren, die ihre Interessen mittels der meist, aber nicht immer nur strukturellen Gewalt des Staates verwirklichen. Die Dynamik des Kapitalismus verstehen wir jedoch nicht, wenn wir die Instrumente der staatlichen Interventionen außer Acht lassen.

8.

Die »Klassenteilung« sieht Rothbard »zwischen den ausbeutenden Herrschenden und den besteuerten Beherrschten«.[325] Dabei stützt er sich auf John C. Calhoun.[326] Dies ist, analog dem schlichten und dogmatischen Antagonismus der Klassen im Marxismus, nicht wirklich hilfreich. Zwar lässt sich mit viel Gedankenakrobatik jede Staatstätigkeit irgendwie als eine Steuer oder deren Äquivalent beschreiben, indessen ist wichtiger, dass die ökonomischen Interessen eines steuerkonsumierenden Sozialhilfeempfängers, des aus dem Steuersäckel bezahlten Universitätsprofessors, eines ebenso

verteidigte das Recht der Bundesstaaten, die Gesetze der Union nicht zu ratifizieren (»Nullifikationsdoktrin«). Allerdings war er auch ein Kriegstreiber *(»war hawk«)* und befürwortete zu Beginn des 19. Jahrhunderts einen Eingriff der USA in europäische Auseinandersetzungen; ebenfalls verteidigte er die Sklaverei. – Rothbard nennt in historischer Perspektive Sklaverei das »ernste anti-libertäre Problem im libertären Programm der ›Democrats‹« *(Für eine neue Freiheit,* Band 1, a.a.O., S. 200). – Bei Marx findet sich der Begriff des »Steuerverzehrers« (MEW 26.2, S. 112). Eine marxistische Theorie der Steuerausbeutung formulierte James O'Connor, *Die Finanzkrise des Staates* (1973), Frankfurt/M. 1974.

aus Steuermitteln bezahlten Streifenpolizisten, eines vom Meisterschutz profitierenden Handwerkers, eines vom Gebietsmonopol profitierenden Notars, eines subventionierte Windräder betreibenden Landwirts und etwa eines hochsubventionierten Großkonzerns *nicht* identisch sind.[327]

9.

Die Inflationstheorie[328] von Rothbard ist eine Ergänzung, sie steht nicht im Widerspruch zu Marx und seiner Kritik an der »Geldillusion«.[329]

10.

Prognosen. — Fehlprognose von Marx: statt Zusammenbruch Resistenz des »politischen Kapitalismus«, *ergo* Spätkapitalismus. Fehlprognose von Rothbard: statt Zusammenbruch Resistenz des Etatismus, *ergo* Spätetatismus.[330]

11.

Mit? Gegen? Das Paradox der Veränderung. — Marx und Rothbard haben die Welt erklärt, um sie zu verändern,[331] es kömmt aber vielmehr darauf an, sie zu verstehen.

327 Stefan Blankertz, *Das libertäre Manifest: Zu einer Neubestimmung der Klassentheorie*, Berlin 2012 (edition g. 104).
328 Die staatliche Ausweitung der Geld- und Kreditmenge führt zu einer Umverteilung zugunsten von Staat und Banken sowie zur Krise nach dem Inflations-Boom. Murray N. Rothbard, *America's Great Depression* (1963), Auburn 2000.
329 Siehe Kapitel VIII.
330 Stefan Blankertz, *Die Katastrophe der Befreiung: Faschismus & Demokratie*, Berlin 2013 (edition g. 107).
331 Auch auf Rothbard trifft Adornos Kritik an marxistischem Aktionismus zu. »In der verabsolutierten Praxis reagiert man nur und darum falsch. Einen Ausweg könnte einzig Denken finden, und zwar eines, dem nicht vorgeschrieben wird, was herauskommen soll.« Theodor W. Adorno, *Resignation* (1969), in: ders., *Kritik*, Frankfurt/M. 1971, S. 147.

XI.
Die historische Dialektik des Marxismus:
Beschließende 11 Thesen

1.

Die typisch »marxistischen« Positionen finden sich bereits bei den klassischen bürgerlichen Theoretikern. Ihre Theorie dient der Stärkung des Staates gegen den Kapitalismus. Darum setzt die bürgerliche Politik dem »Marxismus« nach den ersten Schrecksekunden keinen Widerstand entgegen. Stattdessen wird der Marxismus umfunktioniert.

2.

Die Überwindung des Staates als *das* Klasseninstrument der Enteigner, nicht des Marktes oder des Kapitalismus,[332] ist die zentrale Pflicht der Enteigneten. Den Staat aufzurufen zur Verbesserung der Lage der Enteigneten, ist widersinnig.

3.

Den Staat zur Verbesserung der Lage der Enteigneten aufzurufen, ist die Strategie von Friedrich Engels. Er versöhnt den Marxismus mit der bürgerlichen Politik.

4.

Sollte eine »Diktatur des Proletariats« (der Enteigneten) zur Verhinderung von Konterrevolution nicht nur ein Konzept

---

332 In *Das Kapital I* stelle ich »den Kapitalist als notwendigen Funktionär der kapitalistischen Produktion dar und zeige [...], dass er nicht nur ›abzieht‹ oder ›raubt‹, sondern die Produktion des Mehrwerts erzwingt, also das Abzuziehende erst schaffen hilft; ich zeige ferner [...], dass [...] der Kapitalist – sobald er dem Arbeiter den wirklichen Wert seiner Arbeitskraft zahlt – mit vollem Recht, d. h. dem dieser Produktionsweise entsprechenden Recht, den Mehrwert gewänne.« Karl Marx, *Randglossen zu A. Wagners »Lehrbuch der politischen Ökonomie«* (1880), MEW 19, S. 359.

von Engels, sondern auch von Marx gewesen sein, ist es aber nicht das Konzept von Marx, dass der Staat die Aufgabe des Kapitals übernimmt. Marx schwebte eine Selbstorganisation der Produzenten vor, die Eigentum an ihren Produktionsmitteln haben sollten.[333] Eine solche Selbstorganisation kann nichts anderes sein als Kapitalismus minus staatlicher Überformung: Kapitalixmus.[334]

5.

Der sozialistische Staat hat den Werktätigen »natürlich« Mehrarbeit (gegenüber dem, was sie von ihm für ihre Arbeit ausgezahlt kriegten) abgenötigt. – Der Unterschied, dass sie »selber« über den Staat die Eigentümer des Mehrproduktes seien, war so fiktiv wie die Behauptung bürgerlicher Demokratie, jeder Bürger sei in gleicher Weise Herr des Staates. Beide Fiktionen haben die ideologische Funktion, das Ausbeutungsverhältnis zu verschleiern.

[333] In seiner »*Kritik des Gothaer Programms*« (1875) spricht K. Marx ausdrücklich von den »sachlichen Produktionsbedingungen«, die das »genossenschaftliche Eigentum der Arbeiter selbst« sein sollten (MEW 19, S. 22) gerade im Gegensatz zum Konzept der »Nationalisierung«, Verstaatlichung. – Sogar Engels: »Je mehr Produktivkräfte [der Staat] in sein Eigentum übernimmt, desto mehr wird er wirklicher Gesamtkapitalist, desto mehr Staatsbürger beutet er aus.« Friedrich Engels, *Die Entwicklung des Sozialismus von der Utopie zur Wissenschaft* (1880), MEW 19, S. 222. *Magie* – statt Wissenschaft – macht dann, laut Engels, aus der staatlichen Ausbeutung die »Handhabe der Lösung«.

[334] Denn wenn sie Eigentümer sind, können sie das Binnenverhältnis so regeln, wie sie wollen, ebenso können sie ihr Eigentum veräußern, auch an Einzelne, es sei denn, eine Macht von außen, ein Staat würde sie hindern. Bezogen auf den Kommunismus von Peter Kropotkin habe ich das gezeigt in: Stefan Blankertz, *Minimalinvasiv*, Berlin 2012 (edition g. 101), S. 125 ff.

[335] Gegen Pierre-Joseph Proudhon: »Es widerspricht [...] den ökonomischen Tatsachen, den Wert der Lebensmittel durch den Wert der Arbeit zu messen; das hieße, sich in einem fehlerhaften Kreislauf bewegen, den relativen Wert durch einen relativen Wert bestimmen, der seinerseits erst wieder bestimmt werden muss. [...] Um das rechte Verhältnis zu finden, nach

6.

Demgegenüber hat die Aneignung des Mehrproduktes eine konkrete zu sein. Es zu verallgemeinern, vergesellschaften, verstaatlichen, ist stets Enteignung. Kollektiv darüber zu bestimmen, wie das Mehrprodukt zu verwenden sei (und nur das würde Kapitalismus ausschließen), ist Bevormundung. Organ von Enteignung und Bevormundung ist der Staat.

7.

Marx hat sich in die – aus seiner Perspektive falsch zu sein habende[335] – Arbeitswertlehre verbissen. Theoretische Probleme trieben ihn Mitte der 1860er Jahre um, die er eigentlich nicht hätte sich zu eigen machen sollen.

8.

Niemand war so dicht daran, die marxistische Ökonomie als entfremdete zu begreifen wie Herbert Marcuse.[336] Indem er

welchem die Arbeiter an den Produkten teilhaben sollen, oder, mit anderen Worten, um den relativen Wert der Arbeit zu bestimmen, sucht Herr Proudhon einen Maßstab für den relativen Wert der Waren. Um den Maßstab für den relativen Wert der Waren zu bestimmen, weiß er nichts Besseres auszuklügeln, als uns als Äquivalent für eine gewisse Menge von Arbeit die Summe der durch sie geschaffenen Produkte hinzustellen, was vermuten lässt, dass die ganze Gesellschaft aus nichts als Arbeitern besteht, die als Lohn ihr eigenes Produkt bekommen. In zweiter Linie behauptet er die Gleichwertigkeit der Arbeitstage der verschiedenen Arbeiter als Tatsache, mit einem Wort, er sucht den Maßstab für den relativen Wert der Waren, um zur gleichen Entlohnung der Arbeiter zu gelangen, und nimmt die Gleichheit der Löhne als bereits fertige Tatsache hin, um sich auf die Suche nach dem relativen Wert der Waren zu machen. Welch bewunderungswürdige Dialektik!« Karl Marx, *Das Elend der Philosophie* (1847), MEW 4, S. 86f. Gegen Thomas Malthus: »Der Wert der Arbeit bleibt also konstant. Nur der Wert der Produkte wechselt, d.h. die Produktivkraft der Arbeit wechselt, nicht ihr Wert. Dies ist *the pith of the theory of Malthus, if you can call such a shallow fallacy a theory.*« Karl Marx, *Grundrisse der Kritik der politischen Ökonomie* (1858), MEW 42, S. 478.
336 Herbert Marcuse (1898-1979), »neo-marxistischer« Philosoph mit

statt des Proletariats (statt der Arbeiterschaft) das Lumpenproletariat[337] (die Randgruppen) zum Motor der Revolution
im Spätkapitalismus erklärte,[338] hätte er die »marxistische«
Ökonomie ganz über Bord werfen müssen.[339] Hat er aber
nicht. Diesen Schritt raus aus der Instrumentalisierung des
Marxismus fürs Projekt des allgemeinen Etatismus mutete
er sich nicht zu.[340] Deshalb konnte er – wie Marx – für den
Etatismus instrumentalisiert werden: Die Forderungen der
Randgruppen werden – heute – realisiert durch ihre bürger-

starkem Einfluss auf den Studentenprotest in der zweiten Hälfte der 1960er
Jahre. In der ersten übte, in den USA, Goodman den größeren Einfluss aus.
337 Die Abneigung von Marx gegen das Lumpenproletariat ist legendär:
»Dem Schaffen der Surplusarbeit auf der einen Seite entspricht ein Schaffen von Minus-Arbeit, relativer *idleness* (oder nichtproduktiver Arbeit im
besten Fall) auf der andren. Es versteht sich dies erstens vom Kapital von
selbst; dann aber auch den Klassen, mit denen es teilt; also von den vom
Surplusproduce lebenden Paupers, *flunkeys* [Lakaien], Jenkinses [Speichel-
leckern] etc., kurz dem ganzen *train* von *retainers* [Bediensteten]; dem Teil
der dienenden Klasse, der nicht von Kapital, sondern von Revenue lebt.
Wesentlicher Unterschied dieser dienenden und der arbeitenden Klasse.«
Karl Marx, *Grundrisse ...* (1858), MEW 42, S. 314f.
338 »Unter der konservativen Volksbasis befindet sich jedoch das Substrat
der Geächteten und Außenseiter: die Ausgebeuteten und Verfolgten anderer Rassen und anderer Farben, die Arbeitslosen und die Arbeitsunfähigen.
Sie existieren außerhalb des demokratischen Prozesses; ihr Leben bedarf am
unmittelbarsten und realsten der Abschaffung unerträglicher Verhältnisse
und Institutionen. Damit ist ihre Opposition revolutionär, wenn auch nicht
ihr Bewusstsein. Ihre Opposition trifft das System von außen und wird deshalb nicht durch das System abgelenkt; sie ist eine elementare Kraft, die die
Regeln des Spiels verletzt und es als aufgetakeltes Spiel enthüllt.« Herbert
Marcuse, *Der eindimensionale Mensch* (1964), Neuwied 1977, S. 267. Und
heute? Auch sie spielen das Spiel mit, das sie vollends entmündigt.
339 Lumpenproletaritat und -bourgeoisie produzieren keinen Mehrwert;
in diesem Sinn können sie nicht ausgebeutet werden.
340 »Selbstbestimmung [*sic*] bei der Produktion und Verteilung lebenswichtiger Güter und Dienstleistungen wäre [*sic*] verschwenderisch. [...] In
diesem Bereich ist zentralisierte Kontrolle rational.« Herbert Marcuse, *Der
eindimensionale Mensch* (1964), Neuwied 1977, S. 262.
341 Antonio Gramsci (1891-1937), *Gefängnishefte* (1929-35), Bd. 1, Hamburg 1991, S. 120.

lichen Gönner, die sich auf diese Weise Jobs im Sozialstaat verschaffen.

9.

Ist den herrschenden Klassen es erst einmal gelungen, das Bewusstsein der Massen mit Hilfe des Marxismus ganz im ›Doppeldenk‹ an den Staat zu binden, erscheint der Widerstand, erscheint die Opposition gegen den Staat auf längste Sicht als gebannt.

10.

Der Harmonisierung des Überbaus in der alle politischen Kräfte einenden Formel von der Rettung durch den Staat entspricht jedoch keine Harmonisierung der Widersprüche in der etatistischen Ökonomie. Widerstand und Opposition kehren zurück als gewalttätiger religiöser Fanatismus oder als rückwärtsgewandte, infantile Verstöße gegen die *political correctness* des etatistischen Mainstreams, da die Form einer rationalen ökonomischen Kritik als Sektierertum oder Verschwörungstheorie gebrandmarkt wird. – »Die ›normale‹ Ausübung der Hegemonie auf dem klassisch gewordenen Feld des parlamentarischen Regimes zeichnet sich durch eine Kombination von Zwang und Konsens aus, die sich die Waage halten, ohne dass der Zwang den Konsens zu sehr überwiegt, sondern im Gegenteil vom Konsens der Mehrheit [...] getragen erscheint.«[341]

11.

Die *political incorrectness* ist neues Hasch-Rebellentum: Der Spaß geht in Rauch auf. Der religiöse Fanatismus aber ist das »Crystal Meth« der ökonomischen Widersprüche im Staat: Der Euphorisierung folgt die entstellte Fratze. Ein paar abgeschlagene Köpfe, der Spaß aber geht unendlich fort.

Murray N. Rothbard

Für eine neue Freiheit

Kritik der politischen Gewalt

»Lassen Sie uns überlegen, was die staatliche Verwaltung von all den anderen Organisationen in der
Gesellschaft unterscheidet. ... Zuerst erhält jede andere
Gruppe ihr Einkommen durch freiwillige Zahlungen.
... Nur der Staat erlangt sein Einkommen durch Zwang
und Gewalt. ... Ein zweiter Unterschied ist, dass, von
Kriminellen abgesehen, nur der Staat seine Mittel dazu
nutzen kann, gegen seine eigenen oder irgendwelche
andere Menschen Gewalt anzuwenden.«

Murray N. Rothbard

Band 1: Staat und Krieg
Band 1 fragt nach der Legitimität politischer Gewalt.

Band 2: Soziale Funktionen
Band 2 fragt nach der sozioökonomischen Rationalität
politischer Gewalt – Wehrdienst, Währung, Bildung,
Freiheitsbeschränkungen, Sozialhilfen, Justiz, Straßen-
verkehr, Umweltschutz.

[edition g. 102] **Band 1:** ISBN 978-3-8482-3090-7
[edition g. 103] **Band 2:** ISBN 978-3-8482-3115-7

Stefan Blankertz

Die Katastrophe der Befreiung

Faschismus und Demokratie

Die Versprechen der Demokratie auf Frieden, Freiheit
und Wohlstand endeten im 20. Jh. in Imperialismus,
Weltkriegen, Genozid und rinks-lechter Terrorherr-
schaft. Die »Katastrophe der Befreiung« (Herbert
Marcuse) setzt sich fort in demokratischen Wohl-
fahrtsstaaten, kriegerisch und protektionistisch nach
außen, die nach innen einen »sanften« Faschismus der
völligen Kontrolle praktizieren. Am Ende steht eine
»Welt ohne Asyl« (Paul Goodman).
Heterogene Ansätze von Neomarxismus über Liberalismus und Konservativismus bis hin zum Anarchismus
werden integriert und auch literarische und filmische
Zeugnisse von Bert Brecht über Ernst Jünger und John
Ford bis hin zu Peter Handke, Mario Vargas Llosa und
David Foster Wallace als gleichwertige Ressourcen der
politischen Theoriebildung genutzt, um gegen den aus-
ufernden Staat die Perspektive von Frieden und Freiheit
zurückzugewinnen.
Im Anhang wird ein z. T. bislang unveröffentlichter
Briefwechsel 1982-83 mit dem Erkenntnistheoretiker
Paul K. Feyerabend über den Wert von der Demokratie
dokumentiert.

[edition g. 107] ISBN 978-3-7322-4621-2

Stefan Blankertz

Das Maodeking
Gebet für Eutimio Guerra

Lebe dein Trauma! *Das Maodeking*, ein postmodernes Weisheitsbuch. Eutimio Guerra ist der erste Mensch, den Che Guevara ermordet hat. Über Che Guevara ist viel geschrieben worden. Was dagegen über Eutimio Guerra? Immer noch werden die Opfer des angeblich wohlmeinenden und nur abgeirrten Kommunismus als Opfer zweiter Klasse gegenüber Opfern des Nationalsozialismus und Faschismus behandelt. Gegen diese menschenverachtende Haltung ist das »Maodeking« angeschrieben.

Quintessenz: Gleichheit und Altruismus töten, Egoismus würde Leben retten. Eine Montage lyrisch verfremdeter Zitate aus dem *Tao te king* (Daodejing), der Bibel, dem Koran, aus den Kriegserinnerungen eines unbekannten Soldaten irgendeines Schlachtfeldes im 20. Jahrhundert, von Joseph Stalin und Mao Tse-tung (Mao Zedong) über Heinrich Mann und Heinrich Himmler bis zu Ernesto »Che« Guevara und Jean Paul Sartre, konfrontiert mit all den grausigen Fakten der massenhaft durch den Staat aufgrund wohlmeinender Ideologien Ermordeten – das ist das »Maodeking«: Ein empörter Aufschrei gegen das Morden namens der »Menschlichkeit«.

[edition g. 308] ISBN 978-3-7322-9602-6